企业财务与预算管理

赵欣宇　王玮　著

汕頭大學出版社

图书在版编目（CIP）数据

企业财务与预算管理 / 赵欣宇, 王玮著. -- 汕头 :
汕头大学出版社, 2019.1

ISBN 978-7-5658-3768-5

Ⅰ. ①企… Ⅱ. ①赵… ②王… Ⅲ. ①企业管理－财务管理②企业管理－预算管理 Ⅳ. ①F275

中国版本图书馆CIP数据核字(2019)第026363号

企业财务与预算管理

QIYE CAIWU YU YUSUAN GUANLI

著　　者：赵欣宇　王玮
责任编辑：宋倩倩
责任技编：黄东生
封面设计：书香禾
出版发行：汕头大学出版社
　　　　　广东省汕头市大学路243号汕头大学校园内 邮政编码：515063
电　　话：0754-82904613
印　　刷：北京军迪印刷有限责任公司
开　　本：710mm × 1000 mm 1/16
印　　张：13.75
字　　数：210千字
版　　次：2019年1月第1版
印　　次：2022年8月第2次印刷
定　　价：70.00元
ISBN 978-7-5658-3768-5

前 言

随着社会经济的迅速发展，企业财务与预算管理在企业发展过程中扮演着愈加重要的角色。企业财务管理是企业发展的基础，企业通过财务管理实现财务收支核算，进行财务监督管理，保障企业资金活动、资产管理与运营安全，提升企业效益。然而，由于经济发展的加快、市场的激烈竞争，企业面临的财务风险十分严峻，这就需要企业突破传统财务管理的观念，对财务管理进行多元化探索，为企业发展提供更大空间。其中，全面预算管理是企业内部管理中十分重要的管理方法之一，也是企业筹划未来经营方向与目标的重要工具。在目前的市场经济环境下，推行全面预算管理显得尤为重要。企业对未来的生产、经营、销售等环节通过财务指标进行量化与统筹安排，可以实现资源优化配置，从而使企业经济效益达到最大化。

笔者围绕企业财务与预算管理进行研究，全书共设置七章，分别是企业财务管理的基础知识、企业资金的筹集、企业营运资本与利润管理、企业并购与重组的财务管理、企业全面预算管理的原理阐释、企业预算管理的多元化探索及预算分析与考评。本书在论述上体现了以下三个方面的特点：

第一，体系完整。从基础知识开始分析，对其内容逐步深入，从而构建了完整的知识体系。同时也符合读者的阅读心理，打好每一步的基础才会更好地掌握下一部分内容。

第二，对比分析鲜明。笔者将书中多处内容都进行了对比分析，并概括出所分析部分的优缺点，使读者更加直观地了解到需要注意的地方。

第三，理论性与实用性相结合。本书将企业财务与预算管理置于经济发展的背景下，以理论为基础框架，最终落实到具体应用实际，期望能够对企业的发展起到一定的有益作用。

本书既是企业推行财务与全面预算管理不可多得的实用教科书，也是理论研究者从事财务与预算管理教学的重要参考书。

本书在撰写过程中得到了许多专家学者的指导和帮助，在此一并表示衷心的感谢。由于笔者水平有限，书中疏漏之处在所难免，欢迎各位读者批评指正，以待进一步修改，使之更加完善。

作 者

2019年9月

目　录

第一章　企业财务管理的基础知识

第二章　企业资金的筹集

第三章　企业营运资本与利润管理

第四章　企业并购与重组的财务管理

第五章　企业全面预算管理的原理阐释

第六章　企业预算管理的多元化探索

第七章　预算分析与考评

第一章

企业财务管理的基础知识

企业财务管理的基础知识在企业财务与预算管理中是奠定入门基础知识的一部分内容，它使人们对财务管理这一方面有初步了解，进而形成一个逐渐深入的学习过程。本章主要围绕财务管理的概念与目标、财务管理的环境分析、财务管理的组织机构这三部分内容进行分析。

第一节　财务管理的概念与目标

一、财务管理的相关概念

财务管理是组织企业财务活动、处理财务关系的一项经济管理工作。因此，要了解什么是财务管理，必须先分析企业的财务活动和财务关系。

（一）企业的财务活动

企业的财务活动是以现金收支为主的企业资金收支活动的总称。在市场经济条件下，一切物资都具有一定的价值，物资价值体现了耗费于物资中的社会必要劳动量，社会再生产过程中物资价值的货币表现就是资金。在市场经济条件下，资金是进行生产经营活动的必要条件。企业的生产经营过程一方面表现为物资的不断购进和售出，另一方面表现为资金的支出和收回。企业的经营活动不断进行，也就会不断产生资金的收支。企业资金的收支构成了企业经济活动的一个独立方面，这便是企业的财务活动。

1. 企业筹资引起的财务活动

企业从事经营活动，首先必须解决的问题是通过什么方式、在什么时间筹集多少资金。在筹资过程中，企业通过发行股票、发行债券、吸收直接投资等方式筹集资金，表现为企业资金的收入；而企业偿还借款、支付利息和股利以及付出各种筹资费用等，则表现为企业资金的支出。这种因为资金筹集而产生的资金收支，便是由企业筹资引起的财务活动。

在进行筹资活动时，财务人员首先要预测企业需要多少资金，是通过发行股票取得资金还是向债权人借入资金，两种方式筹集的资金占总资金的比重应各为多少等。财务人员一方面要保证筹集的资金能满足企业经营与投资的需要，另一方面还要使筹资风险在企业的掌控之中，一旦外部环境发生变化，企业不至于由于无法偿还债务而陷入破产。

2. 企业投资引起的财务活动

企业筹集资金的目的是把资金用于生产经营活动以取得盈利，不断增加企业价值。企业把筹集到的资金用于购置自身经营所需的固定资产、无形资产等，便形成企业的对内投资；企业把筹集到的资金投资于其他企业的股票、债券，与其他企业联营进行投资以及收购另一个企业等，便形成企业的对外投资。企业无论是购买内部所需的各种资产，还是购买各种证券，都需要支出资金。[①]当企业变卖其对内投资的各种资产或收回其对外投资时，会产生资金的收入。这种因企业投资而产生的资金收支，便是企业投资引起的财务活动。

在进行投资活动时，由于企业的资金有限，因此应尽可能将资金投放在能带给企业最大报酬的项目上。由于投资通常在未来才能获得回报，因此，财务人员在分析投资方案时，不仅要分析投资方案的资金流入与资金流出，而且要分析公司为获得相应的报酬还需要等待多久。

3. 企业经营引起的财务活动

企业在正常的经营过程中会产生一系列的资金收支。首先，企业要采购材料或商品，以便从事生产和销售活动，同时，还要支付工资和其他营业费用；

① 荆新，王化成，刘俊彦. 财务管理学（第8版）[M]. 北京：中国人民大学出版社，2018.

其次，当企业将产品或商品售出后，便可取得收入，收回资金；最后，如果企业现有资金不能满足企业经营的需要，还要采取短期借款方式来筹集所需资金。上述各方面都会产生资金的收支，属于企业经营引起的财务活动。

在企业经营引起的财务活动中，主要涉及的是流动资产与流动负债的管理问题，其中关键是加速资金的周转。资金的周转与生产经营周期具有一致性，在一定时期内，资金周转更快，就可以利用相同数量的资金生产出更多的产品，取得更多的收入，获得更多的报酬。因此，如何加速资金的周转、提高资金的利用效率，是财务人员在这类财务活动中需要考虑的主要问题。

4. 企业分配引起的财务活动

企业在经营过程中会产生利润，也可能会因对外投资而分得利润，这表明企业有了资金的增值或取得了投资报酬。企业的利润要按规定的程序进行分配：首先要依法纳税；其次要用来弥补亏损，提取盈余公积；最后要向投资者分配股利。这种因利润分配而产生的资金收支便属于企业分配引起的财务活动。

在分配活动中，财务人员需要确定股利支付率的高低，即将多大比例的税后利润来支付给投资人。过高的股利支付率，会使较多的资金流出企业，从而影响企业再投资的能力，一旦企业遇到较好的投资项目，将有可能因为缺少资金而错失良机；而过低的股利支付率，又有可能引起投资人的不满，对于上市公司而言，这种情况可能导致股价下跌，从而使公司价值下降。因此，财务人员要根据公司自身的具体情况确定最佳的利润分配政策。

上述财务活动的四个方面是相互联系、互相依存的，正是上述四个方面构成了完整的企业财务活动，这四个方面也正对应着财务管理的基本内容：企业筹资管理、企业投资管理、营运资本管理、利润及其分配的管理。

（二）企业的财务关系

企业的财务关系是指企业在组织财务活动过程中与各有关方面发生的经济关系。企业的筹资活动、投资活动、经营活动、利润及其分配活动与企业内部和外部的方方面面有着广泛的联系。企业的财务关系可概括为以下七个方面：

（1）企业与其所有者的财务关系。这主要是指企业的所有者向企业投入资金，企业向其所有者支付投资报酬所形成的经济关系。企业所有者主要有四类：①国家；②法人单位；③个人；④外商。企业的所有者要按照投资合同、协议、章程的约定履行出资义务，以便及时形成企业的资本金。企业利用资本金进行经营，实现利润后，应按出资比例或合同、章程的规定，向其所有者分配利润。企业同其所有者之间的财务关系体现着所有权的性质，反映着经营权和所有权的关系。

（2）企业与其债权人的财务关系。这主要是指企业向债权人借入资金，并按借款合同的规定按时支付利息和归还本金所形成的经济关系。企业除利用资本金进行经营活动外，还要借入一定数量的资金，以降低企业资本成本，扩大企业经营规模。企业的债权人主要有：①债券持有人；②贷款机构；③商业信用提供者；④其他出借资金给企业的单位或个人。企业利用债权人的资金后，要按约定的利息率及时向债权人支付利息。债务到期时，要合理调度资金，按时向债权人归还本金。企业同其债权人之间的财务关系体现的是债务与债权关系。

（3）企业与被投资单位的财务关系。这主要是指企业将其闲置资金以购买股票或直接投资的形式向其他企业投资所形成的经济关系。企业向其他单位投资，应按约定履行出资义务，参与被投资单位的利润分配。企业同被投资单位之间的关系体现的是所有权性质的投资与受资的关系。

（4）企业与其债务人的财务关系。这主要是指企业将其资金以购买债券、提供借款或商业信用等形式出借给其他单位所形成的经济关系。企业将资金借出后，有权要求其债务人按约定的条件支付利息和归还本金。企业同其债务人的财务关系体现的是债权与债务关系。

（5）企业内部各单位的财务关系。这主要是指企业内部各单位之间在生产经营各环节相互提供产品或劳务所形成的经济关系。在实行内部责任核算制度的条件下，企业供、产、销各部门以及各生产单位之间相互提供产品和劳务要进行计价结算。这种在企业内部形成的资金结算关系，体现了企业内部各单位之间的利益关系。

（6）企业与职工的财务关系。这主要是指企业在向职工支付劳动报酬的过程中形成的经济关系。企业要用自己的产品销售收入，向职工支付工资、津贴、奖金等，按照提供的劳动数量和质量支付职工的劳动报酬。这种企业与职工之间的财务关系，体现了职工和企业在劳动成果上的分配关系。

（7）企业与税务机关的财务关系。这主要是指企业要按税法的规定依法纳税而与国家税务机关之间形成的经济关系。任何企业都要按照国家税法的规定缴纳各种税款，以保证国家财政收入的实现，满足社会各方面的需要。及时、足额地纳税是企业对国家的贡献，也是对社会应尽的义务。因此，企业与税务机关之间的财务关系反映的是依法纳税和依法征税的权利义务关系。

二、财务管理目标与利益分析

（一）财务管理目标界定

财务管理的概念可以概括为：企业财务管理是企业管理的一个组成部分，它是根据财经法规制度，按照财务管理的原则，组织企业财务活动，处理财务关系的一项经济管理工作。系统论认为，正确的目标是系统良性循环的前提，企业财务管理的目标对企业财务管理系统的运行也具有同样的意义。为此，应首先明确财务管理的目标。

财务管理的目标（Financial Management Objective）是企业理财活动希望实现的结果，是评价企业理财活动是否合理的基本标准。为了完善财务管理理论，有针对性地指导财务管理实践，必须对财务管理目标进行认真研究。因为财务管理目标直接反映理财环境的变化，并根据环境的变化做适当调整，它是财务管理理论体系中的基本要素和行为导向，是在财务管理实践中进行财务决策的出发点和归宿。因此，研究财务管理目标问题既是建立科学的财务管理理论结构的需要，也是优化我国财务管理行为的需要，在理论和实践上都具有重要意义。

1. 以利润最大化为目标

利润最大化是西方微观经济学的理论基础。西方经济学家以往都是以利润最大化这一标准来分析和评价企业的行为和业绩的。利润额是企业在一定期间经营收入和经营费用的差额，是按照收入费用配比原则加以计算的，反映了当期正常经营活动中投入与产出对比的结果。股东权益是股东对企业净资产的所有权，包括股本、资本公积、盈余公积和未分配利润四个方面。其中股本是投资人已经投入企业的资本，如果不增发，它不可能再增大；资本公积则来自股本溢价、资产重估增值等，一般来说，它数额再大也不是由企业当期自身的经营业绩所致；只有盈余公积和未分配利润的增加，才是当期企业经营效益的体现，而这两部分又来源于利润最大化的实现，是企业从净利润中扣除股利分配后的剩余。因此，从会计的角度来看，利润是股东价值的来源，也是企业财富增长的来源。

但是，在长期的实践中，利润最大化目标暴露出以下六个缺点：

一是利润最大化没有考虑利润实现的时间，没有考虑项目报酬的时间价值。

二是利润最大化没能有效地考虑风险问题。高利润往往伴随着高风险，如果为了利润最大化而选择高风险的投资项目或进行过度的借贷，企业的经营风险和财务风险就会大大提高。

三是利润最大化没有考虑利润和投入资本的关系。

四是利润最大化是基于历史的角度，反映的是企业过去某一期间的盈利水平，并不能反映企业未来的盈利能力。虽然净利润带来了股东权益和企业财富的增加，但并不意味着企业持续经营和持久盈利能力增强、股东在未来能够获得报酬。

五是利润最大化往往会使企业财务决策带有短期行为的倾向。利润最大化往往会诱使企业只顾实现目前的最大利润，而不顾自己的长远发展。比如企业可能通过减少产品开发、人员培训、技术装备等方面的支出来提高当年利润，但这显然对企业的长期发展不利。

六是利润是企业经营成果的会计度量，而对同一经济问题的会计处理方法的多样性和灵活性可以使利润并不反映企业的真实情况。例如，有些企业通过出售资产增加现金收入，表面上利润增加了，但实际上企业财富并没有增加。其他会计政策的选择也可能影响企业的利润。

可见，利润最大化目标只是对经济效益浅层次的认识，存在一定的片面性。所以，现代财务管理理论认为，利润最大化并不是财务管理的最优目标。

2. 以股东财富最大化为目标

股东财富最大化是指通过财务上的合理运营，为股东创造最多的财富。在股份公司中，股东财富由其所拥有的股票数量和股票市场价格两方面来决定。如果股票数量一定，当股票价格达到最高时，股东财富也达最大化。所以，股东财富最大化又演变为股票价格最大化。在有效的资本市场上，证券价格能迅速、全面地反映所有有关价格的信息，证券价格就是其价值的最好反映，此时，股东财富最大化目标可以用股票价格最大化来替代。虽然资本市场有效性还存在争论，但从严格意义上说，不能否定效率市场的存在。而且，随着市场的逐渐成熟和监管措施的加强，市场也在逐渐趋向有效。

股东财富最大化目标也是判断企业财务决策是否正确的标准，因为股票的市场价格是企业投资、筹资和资产管理决策效率的反映。

虽然股东财富最大化的观点已得到普遍认可，但是，随着债权人、雇员、供应商等利益相关者在企业运营中的作用越来越重要，有人提出了相关者利益最大化的观点。持相关者利益最大化观点的学者认为，企业不能单纯以实现股东利益为目标，而应把股东利益放在与利益相关者（如借款人、政府、管理者、员工、供应商等）相同的位置上，即要实现包括股东在内的所有利益相关者的利益。

但是，持股东财富最大化观点的学者提出，追求股东财富最大化实际上并不损害其他相关者的利益，恰恰相反，它是以保证其他相关者的利益为前提的。因为企业达到股东财富最大化目标的结果，也增加了企业的整体财富，其他相关者的利益也会得到更有效的满足。如果企业不追求股东财富最大化，其他相关者的利益也会受损。另外，根据法律规定，股东所持有的投资报酬要求权是“剩余要求权”，是在其他相关者利益得到满足之后的剩余权益，企业只有在向供应商支付了货款、向员工支付了工资、向债权人支付了利息、向政府缴纳了税金之后，才能够向股东支付回报。

在对股东财富最大化进行一定约束后，股东财富最大化成为财务管理的最佳目标。这些约束条件是：①利益相关者的利益受到了完全的保护，以免受到股东的盘剥；②没有社会成本，企业在追求股东财富最大化的过程中所耗费的成本都能够归结于企业并确实由企业负担。例如，企业在追求股东财富最大化的过程中，如果造成严重的环境污染，而这种环境污染又是由政府动用财政资金来治理的，就产生了社会成本。

股东财富对上市公司来说是一个比较容易衡量的指标，但对于非上市公司而言，如何运用股东财富最大化这一原则？从理论上说，这些非上市公司的价值等于公司在市场上出售的价格，或者投资人转让其出资而取得的现金。对一个正常经营中的企业而言，很难用这种整体出售的价格来衡量。因此从实践上看，可以通过资产评估来确定非上市公司价值的大小，或者根据公司未来可取得的现金流入量来进行估值。

（二）财务管理目标与利益冲突

1. 委托—代理问题与利益冲突

与委托—代理问题有关的利益冲突是财务管理目标更深层次的问题，委托—代理问题的存在及其利益冲突的有效协调直接关系到财务管理目标实现的程度。

传统的委托—代理问题是指由于企业所有权与经营权的分离产生的股东与管理层之间、股东与债权人之间的代理问题，随着公司治理情况的变化，目前大股东与中小股东之间的关系也成为一种主要的代理问题。委托—代理问题的存在必然带来相应的委托人与代理人之间的利益冲突。

代理关系与利益冲突之一：股东与管理层。股东作为企业的所有者，委托管理层经营管理企业，但是管理层努力工作创造的财富不能由其单独享有，而是由全体股东分享，因此，管理层希望在增加股东财富的同时获得更多的利益（如增加报酬、闲暇时间和在职消费等）。但是，所有者则希望以最小的管理成本获得最大的股东财富报酬，由此便产生了管理层个人目标与股东目标的冲突。这种冲突可以通过一套激励、约束和惩罚机制来协调解决。

激励是把管理层的报酬同其绩效挂钩，以使管理层更加自觉地采取追求股东财富最大化的措施。激励有两种基本方式：一是绩效股方式，即企业运用一定的业绩评价指标评价管理层的业绩，视其业绩好坏给予管理者数量不等的股票作为报酬；二是管理层股票期权计划，即允许管理层在未来某一时期内以预先确定的价格购买股票。

如今，企业的股票主要由机构投资者持有，它们对大多数企业的经营产生了相当大的影响。它们能够与管理层进行协商，对企业的经营提出建议，事实上，机构投资者也成了分散股东的代言人。在《中华人民共和国公司法》（以下简称《公司法》）中也逐渐加入了保护中小股东直接干预企业决策的条款。比如，新《公司法》规定，单独或者合计持有公司3%以上股份的股东，可以在股东大会召开10日前提出临时提案并书面提交董事会；董事会应当在收到提案后2日内通知其他股东，并将该临时提案提交股东大会审议。对于股东的临时提案，董事会只有及时通知和提交审议的义务，无权对提案进行实质审查并裁量是否提交股东大会。这些规定都大大强化了对中小股东权益的保护。

如果管理层的工作出现严重失误，或有严重违反法律法规的情况，可能会被股东大会解聘。

代理关系与利益冲突之二：大股东与中小股东。大股东通常是指控股股东，他们持有企业大多数股份，能够左右股东大会和董事会的决议，往往还委派企业的最高管理者，从而掌握企业的重大经营决策，拥有对企业的控制权。人数众多但持有股份数量很少的中小股东基本没有机会接触到企业的经营管理，尽管他们按照各自的持股比例对企业的利润具有索取权，但由于与控股股东之间存在严重的信息不对称，因此他们的权利很容易被控股股东以各种形式侵害。在这种情况下，所有者和经营者之间的委托—代理问题实际上就演变成为中小股东和大股东之间的代理冲突。

在我国，由于特殊的制度背景，大股东侵害中小股东利益的情况尤其突出，如何完善中小股东的利益保护成为亟待解决的问题。目前，主要有如下保护机制：

一是完善上市公司的治理结构，使股东大会、董事会和监事会三者有效运作，形成相互制约的机制。具体来说，首先，采取法律措施增强中小股东的投票权、知情权和裁决权。比如，《公司法》第一百零五条规定，股东大会选举董事、监事，可以依照公司章程的规定或者股东大会的决议，实行累积投票制。实行累积投票制的直接目的在于防止大股东利用表决权优势控制董事、监事的选举，弥补“一股一票”表决制度的弊端。其次，提高董事会中独立董事的比重，独立董事可以代表中小股东的利益，在董事会中行使表决权。另外，建立健全监事会，真正实现监事会对董事会和管理层的监督，保证监事会在实质上的独立性，并赋予监事会更大的监督和起诉权。

二是规范上市公司的信息披露制度，保证信息的完整性、真实性和及时性。信息的完整性是指所有影响投资者做出进入或退出决定的信息均应得到披露；真实性是指公开的信息应该如实反映上市公司运营的客观状况；及时性是指公开的信息传递速度要快，以利于投资者迅速做出决策。同时应完善会计准则体系和信息披露规则，加大对信息披露违规行为的处罚力度，对信息披露的监管也要有所加强。

代理关系与利益冲突之三：股东与债权人。当企业向债权人借入资金后，两者就形成了委托—代理关系。但是，股东在获得债权人的资金后，在实施其财富最大化目标时会在一定程度上损害债权人的利益。

2. 社会责任与利益冲突

企业在实现股东财富最大化目标时，需要承担必要的社会责任。然而，承担社会责任需要花费一定的成本，为了补偿成本，企业就要提高产品的价格，这必然使企业在与同行业其他企业的竞争中处于不利地位。而且，如果企业将大量的资源贡献给社会公益活动，也会受到来自资本市场的压力。因为在资本市场上，投资者更青睐那些专注于利润和股价上升的企业，而不是那些将大量的资源贡献给社会公益活动的企业。

这并不意味着股东利益与承担社会责任之间存在矛盾企业就不用承担社会责任。实际上，实现股东财富最大化与其承担的社会责任是息息相关的。企业要为员工提供合理的薪金和安全的工作环境，否则员工就没有工作积极性，劳动生产率就会下降，影响企业的盈利，最终将损害股东的利益；企业要为顾客提供合格的产品和优质的服务，否则就会面临失去顾客和遭遇诉讼的危险，这必然会提高企业的成本，最终也将损害股东的利益；企业在满足自身利益的同时，也要维护供应商的利益，否则供应商将会提高供货价格，或者取消对企业的赊销；企业还要承担必要的社会公益责任，因为良好的社会形象有利于企业的长远发展，消费者也更愿意从对社会负责任的企业购买产品。

在要求企业自觉承担大部分社会责任的同时，也要通过法律等强制命令规范企业的社会责任，并让所有企业均衡地分担社会责任的成本，以维护那些自觉承担社会责任的企业的利益。强制命令包括劳动合同、产品安全、消费者权益保护、污染防治等方面的法规，另外还有道德评判促使企业维护社会的利益。

第二节　财务管理的环境分析

一、财务管理环境的含义与特征

环境是客观的，它是相对于主体而言的客体。在财务管理活动中，财务管理主体需要不断地对财务管理环境进行审视和评估，并根据其所处的具体财务管理环境的特点，采取与之相适应的财务管理手段和管理方法，以实现财务管理的目标。

（一）财务管理环境的含义

财务管理环境，也称理财环境，是指对企业财务活动和财务管理产生影响的企业内、外部的各种客观条件和影响因素的总和。[①]财务管理以外、对财务管理系统有影响作用的一切系统的总和构成了财务管理的环境，如国家政治、经济形势，法律法规的完善程度，企业面临的市场状况，企业的生产条件等。这些都会对财务管理产生重要影响，都是财务管理环境的组成部分。

（二）财务管理环境的特征

1. 复杂性和不确定性

财务管理活动总是在一定的时间和空间进行的，它要受多种环境因素的影响和制约，这些因素共同构成了一个多层次的综合系统。正是在这种综合系统作用下，财务管理活动才呈现复杂性和不确定性的特征。

未来是不确定的，而人们的决策都是面向未来的。在这种背景下，人们把那些无法预料的和难以测度的变化定义为不确定性。财务管理环境复杂性和不

① 王满，程廷福．财务管理基础（第 2 版）[M]．大连：东北财经大学出版社，2018.

确定性的特征带给人们财务行为的困境，使人们行动的结果常处于一种未知的状态。并且，随着信息技术和信息社会的进一步发展，财务管理环境的复杂性和不确定性程度将日趋增加。

2. 动态性

财务管理环境具有稳定与变动的双重特性。在某一静止的时点，财务管理环境是相对稳定的，但随着时间的推移，环境本身是瞬息万变的。有些环境因素是渐变的，其变化过程因缓慢而不易被人们感知，如社会文化环境、自然地理环境等；还有些因素是突变的，其变化过程因剧烈而容易被人们所直接感知，如国家政策、经济法规等。无论是渐变的因素还是突变的因素，其对财务管理活动的影响都是不容小觑的。这就要求财务管理的主体在进行财务管理活动时，应当注意观察和预测相关环境因素的变动及其变化趋势，采取及时有效的措施对企业的财务管理活动给予调整，以充分利用环境因素变化所带来的机遇或有效应对因环境因素变化所产生的挑战。

3. 差异性

财务管理环境的差异性特点主要表现在两个方面：一方面，财务管理环境天然地具有因国家不同、地域不同、行业不同、制度不同而产生的差异性。这种差异性主要体现在政治因素、市场因素、法律因素、文化因素等方面的不同。另一方面，即使面对相同的财务管理环境，其对不同财务管理主体的影响也会千差万别。这种差异性主要是由于财务管理环境本身所具有的复杂性、不确定性、动态性，给不同的财务管理主体形成对环境因素的不同认知而产生的。

财务管理环境的差异性要求不同的财务管理主体在分析、利用财务管理环境时，要立足于自身的特点，扬长避短，充分利用有利的环境因素，避免不利的环境因素，有重点、有针对性地开展财务管理活动。

二、财务管理环境的意义及类型

（一）研究财务管理环境的意义

企业的财务管理与其环境是相互依存、相互制约的。任何一个财务管理主体都处于各种既定的财务管理环境中。一方面，财务管理环境决定企业的财务管理，不同的财务管理环境有不同的财务管理目标、手段和效率，从而要求有不同的财务管理活动；另一方面，企业财务管理对财务管理环境又具有反作用，甚至在一定条件下，财务管理有能力改变其环境。因此，正确认识和评价财务管理与其环境的关系具有重要意义。

1. 认识历史规律

通过对财务管理环境的研究，可以使人们正确、全面地认识财务管理的历史规律，预测并顺应财务管理的未来发展趋势。

20世纪，财务管理经历了五次发展浪潮。由此得知，财务管理的发展是各种环境因素综合作用的结果。由于受多种因素的作用，财务管理的发展变化具有两面性：当各种因素的变化比较平稳时，财务管理处于稳定发展阶段；当某地环境因素发生重大变化时，便出现财务管理内容和方法的革新，带来财务管理的迅速发展，这就是财务管理发展过程的浪潮。因此，只有认真研究财务环境，才能对财务管理的历史做出正确、全面的评价，才能对各国财务管理的发展状况有清楚的认识和合理的解释，也才有可能对财务管理的发展趋势做出合理的判断。

2. 指导实践工作

通过对财务管理环境的研究，可以使人们正确认识影响财务管理的各种因素，从而不断增强财务管理工作的适应性和灵活性，指导财务管理的实践工作取得成功。

财务管理工作是在一定环境条件下进行的实践活动。人们只有通过对财务管理环境进行研究，才能够充分了解、适应和利用财务管理环境，从而做出正确的财务决策。在市场经济条件下，财务管理环境具有构成复杂、变化快速等诸多特点，对财务管理工作会产生重大影响。财务管理人员必须对环境做出认真的调查和分析，预测财务管理环境的发展变化趋势，采取相应的财务策略，才能保证企业的长久发展。正确地认识和利用财务管理环境，无疑可以使财务管理人员的实践工作更具针对性，更适应企业生存发展的需要。

3. 推动研究

通过对财务管理环境的研究，可以推动财务管理理论研究的进一步发展，建立起适应市场经济发展需要的财务管理体系。

财务管理理论研究的目的不应仅限于正确地反映财务管理实践，更为重要的是，应能正确地指导实践。没有人类的财务管理实践，自然就没有财务管理理论；然而，财务管理实践如果缺乏系统的理论指导，那也是盲目的。因此，对财务管理环境的研究应该作为一个重要的财务管理理论课题来进行，同时，对这一课题的研究又必将推动整个财务管理理论的研究朝着更深层次发展，将财务管理理论的研究提升到一个全新的高度。当前，应重点研究社会主义市场经济条件下，财务环境的变化对财务管理工作的影响，以便尽快建立起一个适应社会主义市场经济发展要求的财务管理体系。

（二）财务管理环境的类型

财务管理环境是一个多层次、多方位的复杂系统。它纵横交错、相互制约，对企业财务管理具有重要影响。因而，从不同角度、不同层次对财务环境进行分类，可以帮助企业更好地根据身边环境的特点，把握其当前的特征、未来的可能变化以及它们会给企业财务管理带来的影响。

1. 宏观与微观环境

宏观环境是指为企业财务活动造成市场机会和环境威胁的社会力量。这种社会力量的影响范围十分广泛，一般对各类企业的财务管理均产生影响。通常，宏观环境包括国家政治经济形势、经济发展水平、金融市场状况等。

微观环境是指直接制约和影响企业财务管理活动的力量与因素。微观环境的变化一般只对特定企业的财务管理产生影响。通常，微观环境包括企业组织形式、生产状况、企业的产品销售市场状况、企业的资源供应情况等。

2. 静态与动态环境

静态环境是指那些处于相对稳定状态的影响财务管理的因素。它通常指那些相对容易预见、变化不大的财务环境。它对财务管理的影响程度也是相对平衡的，起伏不大。因此，认清静态财务管理环境后一般无须经常调整、研究，而是将其作为已知条件来对待。财务管理环境中的地理环境、法律制度、企业类型、生产方向、国家产业政策、税收政策等，属于静态财务管理环境。

动态环境是指那些处于不断变化状态的影响财务管理的因素。这些因素变化性强、可预见性差。在市场经济体制下，产品销路、材料来源、市场物价、资金市场的资本供求状况等都是不断变化的，属于动态财务管理环境。在财务管理环境中的研究中，应着重研究、分析动态财务管理环境，并及时采取相应对策，提高对财务管理环境的适应能力和应变能力。从长远来看，财务管理环境都是发展变化的。

3. 内部环境与外部环境

企业的内部环境是指存在于企业内部的影响企业财务管理活动的条件和因素，一般属于微观财务环境，如企业的生产情况、技术情况、经营规模、资产结构、生产经营周期等。内部环境的特点将决定理财活动的特点以及财务决策如何制订。

企业的外部环境是指企业外部影响财务管理活动的各种因素，有的属于宏观财务环境，如国家的政治经济环境、法律环境和文化环境；有的属于微观财务环境，如产品销售市场、原材料供应市场等。外部环境的稳定与否、完善与否会对理财活动产生重大影响。

就大部分企业来说，其所处的外部财务环境可能是相同的。但每个企业的内部财务管理环境却是千差万别，各不相同。不同治理结构、不同组织形式和不同规模的企业分别具有不同的内部财务管理环境。企业应根据自身的内部环境特点，分别采取不同的管理措施，以实现企业财务管理效果最优化。

4. 经济环境

财务管理的经济环境是影响财务管理的一切经济因素的总和，一般包括经济管理体制、经济发展水平、经济周期、经济政策、通货膨胀和市场的完善有效性等。

5. 法律环境

财务管理是一种社会行为，一定会受到法律规范的约束。财务管理的法律环境是指个体在从事财务活动以及在处理各种财务关系时所应遵守的各种法律、法规和制度。市场经济是以法律规范和市场规则为特征的经济体制。法律规定了企业经营活动的空间，也为企业自主经营提供了法律保护。目前，直接影响财务主体的财务机制运行的重要法律规范主要包括财政税务法规、金融证券法规、财务会计法规、企业组织类法规等。

6. 文化环境

财务管理的文化环境是指对财务活动的形成和发展具有制约和影响作用的各种文化因素的总和，包括思想观念、价值取向、思维方式、行为准则以及语言文字、风俗习惯等。在不同的社会或地区，不同文化因素组成的文化环境会表现出明显的差异。这种差异会直接影响企业的财务管理行为。

根据文化的固有性质及其与社会的关系，可将文化分为专业文化和社会文化两类。专业文化是指该特定的专业群体为其专业目标的实现而共同遵守的核心价值观和共同的价值取向，充分体现专业群体成员共同的追求与理念，是对专业中个体行为形成内在和外在的指导与规范，也就是将专业的价值理念内化成专业成员的自觉行为。社会文化是指在相应社会系统、社会关系中获得社会属性、具有社会功能的文化现象、文化客体。这种文化几乎存在于每一个社会环节中，如价值观念、道德水平等。

第三节　财务管理的组织机构

不同的机构由于其自身的特点、目标、职能等不同，其财务组织机构与职责也各不相同。下面将按一般工商企业、金融机构和其他组织三类机构分别论述其财务组织机构与职责。

一、财务组织机构的类别

（一）一般工商企业中的财务组织

财务管理组织机构和人员是实施财务管理活动的主体。因此，财务管理组织机构的设置以及人员配备是财务管理的基础工作。企业财务管理组织机构的设置应综合考虑企业的经营性质与规模、行业特点、业务类型以及企业总体组织形式等多方面因素，机构内部的设置要体现分工明确、职权到位、责任清晰的要求，以保证企业财务工作顺利进行。

财务机构和岗位设置应当符合分级和归口管理原则。分级管理是指在企业组织内部从上到下顺序分解职责和权力的管理制度。企业根据自身的特点优化配置机构和人力资源，形成科学、合理的管理层面，自上而下，层次尽可能要少，以减少管理环节，对内提高工作效率，对外贴近市场，以形成灵活、快速的市场反应能力。归口管理是指业务活动在企业组织内同一层级的不同部门以及同一部门的不同岗位和员工之间进行分派，明确责任，便于执行和考核。

财务机构和岗位设置应当符合内部控制的基本原则。例如，岗位设置要符合职务分离原则。也就是说，同一业务过程需要由不同的人员共同执行、相互监督。尽量避免由同一个人独自负责同一业务的全过程，尤其是款项的收付与记账必须分别由不同的人执行，经营方案的提出、审批、责任考核要由不同的人员分别执行。

为了组织和实施财务管理工作，企业需要设置财务部和会计部两个部门，分别负责财务管理工作和会计信息处理工作。小企业的财务机构和会计机构可以设在一起，财务人员兼做会计业务。①

财务部的主要职责是组织财务活动和处理财务关系，即负责资本筹集、资本运用、财务运营、收益分配等财务活动的计划与实施，以及协调和维护企业与股东、责权人、被投资企业、债务人企业、供应商、客户、政府税务部门等之间的关系，通过计划、组织、控制以及激励等环节实现财务管理活动的目标，促进企业提高经营效率，实现资本的保值和增值。在设置财务部门的组织机构时，企业通常会根据具体情况，将相对重要的职能进行相应的拆分——有的由不同部门行使不同的职能，有的由同一部门行使所有的职能。为了实现这些职能，财务部要设置相应的下属机构分别负责筹资、投资、运营、分配等活动的决策、计划、组织、控制、分析、考核以及战略规划等财务管理工作。

会计部的主要职责是通过确认业务、填制会计凭证、过账、结账、编制

---

① 崔佳钰．企业财务战略管理探究 [J]. 中国商论，2019，（4）：97–98.

会计报表等活动收集、处理和报告财务会计信息及管理会计信息，通过对账和盘存等活动保障企业财产物资的安全和完整，保证企业经营活动的合法性和合规性，通过制订合理的税务政策和税务程序合法避税，降低企业的税负。为了实现这些职能，会计部也要设置相应的下属机构，分别负责信息与电子数据的处理、财务会计信息的归集与报告、税务会计业务和货币资金管理等。

（二）金融机构中的财务组织

金融机构是指从事金融服务业有关的金融中介机构，为金融体系的一部分。金融服务业包括银行和非银行金融机构。非银行金融机构包括证券、保险、信托、基金等。随着金融业的发展以及金融业自身的行业特点，财务人员在金融业中占据着越来越重要的地位。

金融机构作为特殊的企业，其经营内容、风险和影响程度与一般企业是不同的。因此，金融机构中的财务组织与一般的工商企业有一定的区别。金融机构本身的经营对象为金融资产，因而在其业务中也涉及大量的财务知识，而一般工商企业的核心业务涉及的是实物资产，这就导致两者财务组织的不同。金融机构中的财务组织与整个企业的组织结构密切相关，因为金融机构除了本身作为一个组织实体有其财务和会计的工作要求外，其业务过程中涉及的财务知识也要求财务人员渗透到各个具体岗位。①

（三）其他组织中的财务组织

其他组织主要是指政府与非营利组织。这些组织是不以营利为目的的组织，但其正常运行中也需要进行各种财务活动，也需要设置一定的财务组织。

政府机构中的财务组织主要是指各级政府下属的，负责进行财政预算编制与实施，管理财政资金收支，管理国库，并向所属政府机构提供财政预算执行情况报告的各级财政机关。另外，各级税务机关、海关和中央银行也是政府机构中的财务组织，履行与税收和货币相关的职能。

非营利组织主要是指一些不以营利为目的的公益性组织。这类组织最大的

---

① 王满，程廷福 . 财务管理基础（第 2 版）[M]. 大连：东北财经大学出版社，2018.

特点是非营利性。非营利性组织有其不同于一般营利性组织的财务特征，顾客并不是其资金的主要来源，也不存在利润指标，因此不存在营利组织中的所有者权益问题。非营利组织财务管理在资金管理上的作用主要体现在两个方面：一是有助于降低动作的成本，提高组织动作效率，使有限的动作资金发挥最大的社会效用；二是有助于非营利组织对外树立形象，提高组织公众信度，使组织的筹资管理更顺利有效。非营利性组织与营利性组织在组织和管理方面也有一些相似之处，在建立财务组织的时候也可以适当参考一般营利组织的财务组织形式。

二、不同财务组织的具体职责

（一）一般工商企业中财务组织的职责

财务部应设置财务部经理、筹资管理员、投资管理员、分配管理员、存货管理员、成本分析员、销售与信用分析员、预算管理员、财务分析员、工资考核员以及战略管理员等岗位，分别负责相应的财务管理工作。

财务部经理具体负责协调和管理财务部的工作，主持公司财务预决算、财务核算、会计监督和财务管理工作；组织协调、指导监督财务部的日常管理工作，监督执行财务计划，完成公司财务目标。财务部经理自身要有良好的专业素养、丰富的工作经验，熟悉各种财务相关知识，具有良好的职业道德。

筹资管理岗的主要职责是根据企业的生产经营、对外投资和调整资本结构的需要，通过筹资渠道和资本市场，运用适当的筹资方式，经济有效地筹集企业所需的资本。筹资管理岗应当了解企业自身的特点，熟悉各种筹资方式的特点，以便为企业选择最为适当的资金筹集方式。

投资管理岗主要负责企业投资管理工作，制订投资策略和战略资产配置，为了企业的利益，采取资产组合方式对企业资产进行投资管理。由于投资可以分为金融投资和实物投资，因此投资管理岗也可以分为金融投资管理岗和实物投资管理岗。前者主要负责金融资产的投资管理，后者则主要负责实物资产的投资管理。

分配管理岗主要负责与企业收益分配相关的管理工作，既包括股利的分配，又包括债务利息的分配，因此其工作与股权筹资和债务筹资过程都具有一定的交叉性。

存货管理岗的主要职责就是对企业的存货进行管理，主要包括存货的信息管理和在此基础上的决策分析，最后进行有效控制，达到存货管理的最终目的，提高经济效益，具体职责包括分析原材料的购买需求并测算相应的资金需求，管理物料和产品存货的余额等。

成本分析岗主要负责企业生产成本的核算和分析。因此，成本分析岗应当对企业的产品生产过程、技术工艺、组成结构等相当熟悉，并熟练地掌握各种成本计算及分析方法，能根据企业自身的特点灵活运用。

销售与信用分析岗的主要职责是根据产品销售情况，拟定和修订企业的信用政策，分析客户的信用，拟订和修订收款方案，使企业更好地利用信用政策来扩大收益。

预算管理岗的主要职责是负责企业全面预算编制中的协调与汇总工作，拟定公司财务预算管理制度，加强预算管理，协助总经理室编制年度经营预算，组织实施全面预算管理，实现年度经营目标。

财务分析岗主要负责企业的财务分析工作，对企业的各项财务指标进行分析，评价企业的财务状况和经营成果，为企业的财务决策提供服务。财务分析岗应当熟悉各项财务指标的计算方法及其意义，具有扎实的财务基础，能对企业的财务状况做出准确的判断。

工资考核岗主要负责对各个部门及个人的绩效进行考核。工资考核岗应该熟悉各种不同的业绩考核评价方法，制订适合公司的考核系统，对业绩做出准确的评价。

战略管理岗主要负责企业的战略管理工作以及改制、重组、并购等重大事项的分析、规划和决策参谋工作。战略管理岗应当熟悉企业的战略管理程序与方法，熟练掌握战略分析与决策的技巧与方法，熟悉公司的业务，熟悉各种战略方案的内涵。

（二）金融机构中财务组织的职责

1. 存款性金融机构

存款性金融机构的核心业务主要有吸收储户存款、发放贷款、现金资产管理等，因此主要设置银行业务主管、出纳、外币交易、信贷、贷款规划、信用分析、财务分析、证券投资与交易等岗位。银行业务主管的职责是对业务人员进行管理，负责处理支票，代理顾客结算其他现金项目，改进银行计算机设施及电子网络等。银行业务主管应该了解及评估客户需求，洞察客户信息，熟悉行业资讯，掌握企业财务知识。与吸收储户存款相关的岗位主要是出纳和外币交易员，负责接收存款、支付现金并向储户传递各种相关信息。与贷款业务相关的岗位主要有信贷员、贷款规划员和信用分析员，负责企业信贷相关的业务，必须对企业的信贷政策相当熟悉。与现金资产业务相关的岗位有财务分析员和证券投资分析员，主要负责现金资产投资分析等业务，必须熟悉各种财务理论，掌握各种分析技术和方法。

2. 证券中介机构

证券中介机构包括证券公司和证券服务机构。证券公司是从事证券承销、证券自营和证券经纪等业务的金融机构。证券服务机构包括证券登记结算公司、证券投资咨询公司、会计师事务所、资产评估机构和信用评级机构等。与证券交易和经纪业务相关的岗位有证券分析员和证券交易员，主要对与证券市场相关的各种因素进行研究和分析，包括对证券市场、证券价值及变动趋势进行分析、预测，并向投资者发布投资价值报告等，根据客户投资指令迅速有效地执行交易，进行风险控制。与证券承销业务相关的岗位主要是投资银行家，专门负责为企业发行股票、债券等。与投资咨询业务相关的岗位有证券分析师、长期规划兼并专家、全球融资和发展专家等，主要负责与投资相关的咨询业务。这些岗位的人员务必具有相当扎实的金融和财务知识，熟悉各种投资专业技术。与服务中介相关的岗位有注册会计师、资产评估师、信用评估人员等。这些岗位的人员主要为企业提供审计、资产评估和信用评估等服务。

3. 保险公司

保险公司是专门从事经营商业保险业务的金融机构。保险公司一般会设有保险代理人和经纪人、核保员、损失理算员、精算师、投资专家等岗位人员。保险代理人和经纪人的主要职责是为公司招揽保险业务，代表公司签署保险合同，因此必须相当熟悉公司的业务流程和业务内容。核保员主要负责承保新业务，检查保单，决定保单业务的接受与否，其在执行业务时常常以个人的经验作为参考，因此需要熟悉各种保险业务、相关风险并有丰富的工作经验。损失理算员就是大家经常听说的理赔员，负责理赔调查相关事宜。精算师主要从事保险费、赔付准备金、分红、保险额、退休金、年金等的计算。损失理算员和精算师工作中需要深厚的数学功底、保险专业知识和丰富的经验。投资专家负责保险公司的财务管理相关工作。由于保险公司的现金流入与流出比一般工商企业更难预测，因此对投资专家岗位的能力要求也更高。

为了保障金融市场正常有序地运行，需要对金融活动实施监督和管理，因此需要相关的金融监管机构，并形成完整的监管体系。这些机构也有其自身的财务组织形式，具有各种各样的财务人员，负责对金融市场进行监督和管理。

（三）其他组织中财务组织的职责

政府各级财政机关由本级政府领导。财政部是中央财政机关，对国务院负责。政府财政机关通常会设置预算管理员、国库管理员、经济建设管理员、监督检查员等岗位。预算管理员主要负责编制、落实政府机构的预算工作，考核各部门的预算执行情况，指导下一级财政机关的预算管理工作等。国库管理员的职责主要是贯彻落实财政国库管理制度改革工作，办理预算单位用款计划的编制、批复和管理工作等。经济建设管理员主要负责与有关部门合作，共同制定、实施财政基本建设投资政策，负责城市维护建设资金与财务管理等。监督检查员的职责是依法对其他组织执行财税法律、法规和国有资产管理、财务管理情况进行监督检查等。监督检查员应当熟悉相关法律，掌握会计、审计知识与技术。

税务机关主要负责国内的税收管理工作，一般设有税务管理、税收征管、财务管理等岗位。税务管理员是税务机关及其税源管理部门中负责分片、分类管理税源，负有管户责任的工作人员，是随着我国税制变革和经济的发展，由税收专管员演化而来的。税收征管员主要负责组织实施综合性税收征管法律、法规和规章制度并制订综合性税收征管制度和办法，负责税务登记等税收资料的管理，指导个体工商户和集贸市场税收征管；负责税款缓缴、呆账税金、死欠税款核销管理工作等。财务管理员主要负责贯彻执行所辖行政区域税收计划及会计、统计制度，编制税收收入长远规划和近期计划等相关的财务管理工作。

海关负责进出口税收管理工作，一般设置通关管理员、关税征收与管理员和商品价格管理员等职位。通关管理员主要负责进出口货物和运输工具的通关管理和业务运行，监控海关作业单证的流转，指导、检查和监督关区审单作业。关税征收与管理员的主要职责是组织实施税收计划，对税收征管工作进行检查、监督和评估，提供相关税收信息等。商品价格管理员的主要职责是对进出口商品价格信息进行跟踪、收集、分析、筛选、整理等，为审价布控和风险布控提供帮助。

中国人民银行即中央银行，是负责金银、货币和财政金库管理的机构，设有支付结算管理和国库资金管理等岗位。支付结算相关业务的管理人员负责组织中国人民银行的会计核算工作，组织建设现代化的支付系统，制订相关的支付结算规则等。国库资金管理员负责管理国家金库业务，拟定并组织实施国库资金管理制度，进行日常的核算、反映和监督工作。国库资金管理员必须加强对财政、金融形势的分析、判断，提高国库资金管理、运用、决策水平。

非营利组织涉及的领域非常广泛，如教育、科研、慈善、公共设施等，这类组织为社会的发展做出了重大贡献，其财务相关的岗位主要有预算管理、收入管理、支出管理和工资与福利支出管理等。预算管理人员主要负责相关的预算编制实施，对执行情况进行分析，编制内部管理报告等。收入管理人员的职责是对组织的各项收入进行预测、核算和分析等。支出管理人员则负责对各部门的费用支出情况进行预算、监督、核算、分析等。工资与福利支出管理人员的职责是对职工的工资和福利支出进行管理，如编制职工工资册和工资汇总表、发放工资福利、进行相关会计核算工作等。

第二章

企业资金的筹集

企业资金的筹集是指企业向外部有关单位和个人或从企业内部筹集集中生产经营所需资金的一种财务活动。资金筹集是企业财务管理的首要任务，是资金运动的起点。本章主要围绕所有者权益和负债、权益资金的筹集、长期负债资金的筹集这三个内容进行分析。

第一节　所有者权益和负债

一、所有者权益

所有者权益，是指企业资产扣除负债后由所有者享有的剩余收益。所有者权益也称“股东权益”或“净资产”，它包括企业所有者投入的资金、直接计入所有者权益的利得和损失以及通过企业生产经营活动所形成的利润积累。为了反映所有者权益的构成，便于投资者和其他报表阅读者了解企业所有者权益的来源及其变动情况，会计上把企业所有者权益分为实收资本（股份公司用股本表示）、资本公积、盈余公积及未分配利润四个部分。其中盈余公积和未分配利润统称为“留存收益”。[①]

① 王红英. 企业加强资金筹集与使用研究 [J]. 经济研究导刊，2015，（19）：91，110.

（一）实收资本

我国《公司法》规定，设立公司应当有符合公司章程规定的全体股东认缴的出资额。我国的注册资本是指企业在登记机关登记的全体股东认缴的出资额。而实收资本是指投资者按照企业章程或合同、协议的约定，实际投入企业形成法定资本的价值，当注册资本全部筹集到位后，实收资本应等于注册资本。股东可以用货币出资，也可以用实物、知识产权、土地使用权等可以用货币估价并可以依法转让的非货币财产作价出资。如果发起人、股东未交付货币、实物或者未转移财产权，虚假出资，或者在公司成立后又抽逃出资，须承担法律责任。所有者向企业投入的资本，在一般情况下企业无须偿还，可以长期周转使用。

实收资本是成立企业的启动资金，也是企业承担债务和风险的基础，没有实收资本，企业就很难取得借款，偿债就没有保证，企业也没有承担经营亏损的能力，自负盈亏就无法实现。实收资本的构成比例，即投资者的出资比例或股东的股份比例，通常是确定所有者在企业所有者权益中所占的份额和参与企业财务经营决策的基础，也是企业进行利润分配或股利分配的依据，同时还是企业清算时确定所有者对净资产的要求权的依据。会计上设置“实收资本”科目（股份公司改用“股本”科目）来核算企业接受投资者投入的资本。

（二）资本公积

资本公积是企业收到所有者的超出其在企业注册资本（或股本）中所占份额的投资即资本溢价（或股本溢价）以及直接计入所有者权益的利得和损失。形成资本溢价（或股本溢价）的原因有溢价发行股票、投资者超额缴入资本等，直接计入所有者权益的利得和损失是指不应计入当期损益的、会导致所有者权益发生增减变动的、与所有者投入资本或者向所有者分配利润无关的利得或者损失。

资本公积是一种资本储备形式，它可以按照法定程序转化为实收资本（或股本），是所有者权益的构成之一。资本公积与实收资本（或股本）的区别主要在于它不是法定的出资额，而是为了调节新老投资者的利益关系而由投资者多出资，或者是由于其他因素所形成。企业在创立时期，投资者认缴的出资额一般都是全部计入实收资本（或股本）的，但在企业发展过程中新加入的投资者的出资额就不一定全部计入实收资本（或股本），因为创立时投入资本的风险比企业正常生产经营过程中新投入资本的风险要大而盈利能力相对低一些。创业者经过多年的经营，已形成了自己的品牌、技术、人才、企业文化、供销渠道、客户资源等无形资本，而这些自创的无形资本往往在账面上没有反映。新加入的投资者应该对创业者为形成这些无形资本而付出的代价给予补偿，所以新加入的投资者要付出大于原有投资者的出资额才能取得与原投资者相同的持股比例。另外，由于资产的账面价值并不代表其实际价值，新投资者加入时需进行资产评估，而由于通货膨胀或过时贬值，评估后的资产价值可能高于或低于原账面价值。还有，企业生产经营过程中实现的利润不一定全部分配给了股东，而是一部分留在企业，形成留存收益，但其并未转入实收资本（或股本）。因此新加入的投资者要与原投资者分享这部分留存收益，也要付出更多。

资本公积可用于扩大公司生产经营或者转为增加公司资本。

（三）盈余公积

盈余公积是指企业根据《公司法》等有关法规的规定，从企业当年实现的净利润中提取的积累资金，包括法定公积金和任意公积金。公司制企业的法定公积金按照税后利润10%的比例提取（非公司制企业也可按照超过10%的比例提取），法定公积金累计额为公司注册资本的50%以上时，可以不再提取。公司从税后利润中提取法定公积金后，经股东会或者股东大会决议，还可以从税后利润中提取任意公积金。非公司制企业经类似权力机构批准，也可提取任意公积金。盈余公积主要有三个用途：一是弥补亏损；二是扩大企业生产经营；三是转增资本（或股本）。

（四）未分配利润

未分配利润是企业留待以后年度进行分配的结存利润，也是所有者权益的组成部分。相对于所有者权益的其他部分来讲，企业对未分配利润的使用分配有较大的自主权。从数量上讲，未分配利润是期初未分配利润加上本期实现的净利润，减去提取的各种盈余公积和分出利润后的余额。盈余公积和未分配利润统称为“留存收益”，即通过企业的生产经营活动而形成的资本。企业利润缴纳所得税后，一部分分给投资者，一部分留在企业。无论是留在企业还是分给投资者，税后利润都属于所有者权益，留在企业的部分相当于原有投资者对企业的再投资。

二、负债

负债是指企业过去的交易或者事项形成的预期会导致经济利益流出企业的现时义务。它一般包括企业借入的资金和应付预收的款项等。

企业负债按其流动性，分为流动负债和非流动负债。

（一）流动负债

流动负债是指将在一年内或者超过一年的一个营业周期内偿还的债务，主要用于企业短期的资金需要，它包括短期借款、应付票据、应付账款、预收账款、应付职工薪酬、应交税费、应付利息、应付股利、其他应付款和一年内到期的长期借款等。

流动负债通常要用企业的流动资产或新的流动负债来偿还。因此，通过将流动负债与流动资产对比，可以大致反映出企业的短期偿债能力；同时，通过将可用于支付的流动资产（如货币资金、交易性金融资产和应收账款等）与近期需支付的流动负债进行对比，可以了解企业的清算能力。

（二）非流动负债

非流动负债是指偿还期在一年或者超过一年的一个营业周期以上的负债，也称“长期负债”，主要用于企业较长时期的资金需要，它包括长期借款、应付债券、长期应付款等。

筹措长期负债的目的主要是用于增加固定资产或经常性的流动资金需要。在企业权益资金无法满足企业长期资金需要的时候，通常是以长期负债来解决。由于债权人不能参与企业的经营管理，而且收益是固定的，企业可利用这一特点为企业的所有者带来更大的获利机会。企业的非流动负债通常依靠内部积累资金来偿还，也就是说，非流动负债偿还的保证不是目前的流动资产，而是企业未来的盈利能力。

第二节　权益资金的筹集

权益资金是指企业所有者投入企业的资金及经营中所形成的积累，它反映企业所有者的权益，其出资人是企业的所有者，拥有对企业的所有权，企业则可以独立支配其所占有的财产，拥有出资者投资形成的全部法人财产权。[①]企业权益资金具有的特点有：第一，权益资金的所有者拥有参与企业经营管理的权利，同时也要以投资额为限，承担风险；第二，权益资金的所有者不能直接从企业收回投资，除非企业解散清算，但可依法转让而间接收回投资；第三，权益资金的投资收益不确定，收益的大小取决于企业经济效益的好坏；第四，权益资金投资风险较大。一方面，当企业经营亏损或只有很少利润时，权益资金的投资者可能分不到任何利润；另一方面，当企业发生重大亏损乃至破产清算时，权益资金的投资者只能在债权人之后分配剩余财产，如果企业破产还债后没有剩余财产，则权益资金的投资者将无法收回原始投资。

权益资金的筹集方式主要有股东直接投入、发行股票、企业内部积累等。

一、股东直接投入

股东直接投入是指企业按照“共同投资、共同经营、共担风险、共享利润”的原则直接吸收国家、法人、个人、外商投入资金的一种筹资方式。股东直接投入是企业向外筹集资金的重要方式。对于非股份公司而言，由于不能发行股票筹资，因此只能通过直接吸收股东投资的方式来筹集企业外部的资金。这种筹资方式手续比较简单，而且能很快形成企业的生产能力。[②]

---

① 冯志红 . 企业资金筹集方式 [J]. 经营与管理，2006，（2）：49-50.

② 卜婵婵 . 企业资金预算管理研究 [J]. 中国商论，2019，（11）：87-88.

（一）股东直接投入的类别

为了明确产权关系、便于分清责任，根据投资主体的不同，企业采用股东直接投入方式筹集的资金一般可分为以下四类：

1. 国家资金

国家资金是国有企业权益资金的重要来源。原来国家对国有企业的拨款以及拨改贷后用税前利润还贷及减免税收的那一部分，都应作为国家投资，归属国家。国家投资在我国仍然是企业资金的重要来源，但只有国有企业才能采用这一筹资方式。

2. 法人资金

法人资金主要是指法人单位在进行横向经济联合时所产生的联营投资。随着企业对外投资、相互持股的情况增多，法人资金来源也越来越广泛。对于投资企业来说，不仅能与被投资企业的经济密切关系，获得投资收益，而且还可以分散风险，达到以小控大的目的。

3. 个人资金

个人资金是指企业内部职工或社会个人投入的资金。随着个人收入和财富的增加，个人资金越来越成为未来企业资金的重要来源。个人资金虽不及国家资金、法人资金那么雄厚，但对于企业调动社会个人特别是内部职工关心本企业经营的积极性具有重要意义。

4. 外国资金

改革开放以来，我国吸收外商投资比例逐年迅速增长，已成为企业筹集权益资金的一种重要方式。我国企业一般通过举办中外合资或合作经营企业来吸收外商投资。合资经营是一种股权式的合营，合营各方通常按出资比例决定分享利润的份额和对风险及亏损所分担的责任，也关系到对企业管理的控制权。合作经营也是一种契约式合营，合作双方的责任、权益和义务由双方协商谈判，在合同中加以规定。吸收外商投资既可以为企业提供资金来源，引进国外先进设备和技术，又可以扩大出口，增加外汇收入，还可以培训技术人员和经营管理人员。但只有经过我国政府批准的中外合资、合作经营企业才能采用这一筹资方式。

（二）股东的出资形式

我国《公司法》规定，股东可以用货币出资，也可以用实物、知识产权、土地使用权等可以用货币估价并可以依法转让的非货币财产作价出资。因此，企业在采用股东直接投入这一方式筹集资金时，股东可以采取以下多种出资形式：

1. 现金投资

股东以现金向企业投资是最常用的一种出资形式。现金是可以立即用于支付的交换媒介，因此，企业有了现金，就可以购建所需的设备、厂房等劳动资料及购买所需的原材料等劳动对象。对于现金出资的比例，我国《公司法》原来规定是全体股东的货币出资金额不得低于注册资本的30%，但修改后没有对注册资本以及货币出资金额占注册资本的比例明确规定。

2. 实物投资

投资各方除了以现金出资外，还可以企业所需的厂房、建筑物、设备、汽车等固定资产以及材料、燃料、商品等流动资产对企业进行投资。这种出资形式较现金出资更能快速形成企业的生产能力，但较现金出资的手续要复杂，因为以实物投资必须进行评估作价，核实财产。评估作价既可由各方按公平合理的原则协商确定，也可聘请各方同意的专业资产评估机构评定。

3. 无形资产投资

股东还可以知识产权、土地使用权等可以用货币估价并可以依法转让的无形资产向企业投资。由于无形资产没有实物形态，不具有流动性，未来提供的经济效益具有很大的不确定性，企业在吸收无形资产投资时一定要进行认真的调查研究和可行性分析，并合理作价。

我国《公司法》规定，对作为出资的非货币财产应当评估作价，核实财产，不得高估或者低估作价。

（三）直接投入的对比分析

1. 直接投入的优点

（1）增强信誉和偿债能力。采用股东直接投入方式筹集的是企业的权益资金，因此采用股东直接投入方式能改善企业的财务状况，降低负债比率，增强企业的信誉和偿债能力。

（2）财务风险较小。采用股东直接投入方式筹集的资金，企业无须偿还，也没有固定的费用支出，相对于负债筹资而言，财务风险较小。

（3）能快速形成生产能力。采用股东直接投入方式能直接获得投资者的现金、先进技术和设备，快速形成生产能力并产生投资效益。

2. 直接投入的缺点

（1）资本成本高。采用股东直接投入方式的投资者冒的风险较大，因此期望得到的收益也较高，相对于企业而言，使用这部分资本付出的代价也较大。另外，企业付给股东的利润是从税后利润中支出的，不能抵减所得税，其资本成本远比负债筹资高。

（2）分散企业控制权。采用股东直接投入方式的所有者，可按出资比例获得对企业的经营控制权，这样就会分散企业原有投资者对企业的控制权。

（3）产权流动性差。采用股东直接投入方式筹集的资金，是一种直接筹资，没有证券作为媒介，产权流动性差，不便于投资者通过转让收回投资。

二、发行股票

股份公司筹集股本的方式是发行股票。股票是股份公司签发的、证明股东按其所持股份享有权利和承担义务的书面凭证，是股份公司筹集长期资金而公开发行的一种有价证券。股票按股东权利的不同可分为普通股和优先股。普通股是指在公司利润分配方面享有普通权利的股份，股东大会的选举权是根据普通股的股数计算的。优先股是指在公司利润分配及公司解散后的剩余财产方面较普通股有优先权的股份。

（一）普通股

普通股是构成股份公司最基本的股份，普通股持有人是公司的最终所有者，离开了普通股，股份公司将不会存在；普通股本也是公司向外借债的基础。目前我国已发行的股票全部为普通股。

1. 普通股的特点

普通股代表对公司剩余资产的所有权，普通股股东共同拥有公司，承担同公司所有权相联系的最终风险，但他们的责任只限于自己的投资额。普通股的基本特点为：

（1）普通股没有到期日。普通股是公司永久性使用的股本，只要公司处于正常经营状态，股东就不能要求公司退股；只有在公司解散清算时，公司才需要将剩余财产分配给股东。股东可以将股票在证券市场上转让，间接收回投资。

（2）股利不确定。股利是从公司的税后利润中支付的，股利的多少取决于公司税后利润的大小及公司的股利支付政策。公司税后利润额大，现金充足，不需要资金进行再投资，则股利水平就可能高；反之，公司税后利润额小或遇到了很好的投资机会，则可能少支付股利或不支付股利。

（3）普通股持有者的投资风险最大。尽管普通股股东承担的经济责任是有限的，即只限于自己的投资额，但其投资风险在公司的所有投资者中是最大的。因为公司一旦破产、倒闭、解散清算，首先需偿还各种债务，在满足各种债权人的合法要求之后，如果还有剩余，也应先分配给优先股股东，在优先股股东分配完后，才轮到普通股股东，这种偿债顺序是法定的。因此，普通股股东的投资风险最大，这也说明普通股本是公司向外借债的基础。

（4）普通股筹资的资本成本高。普通股投资者在所有投资者中风险最大，根据收益与风险相配合的原则，普通股股东所要求的投资收益率也是最高的。另外，股利是在公司缴纳所得税后支付，因此从公司角度来说，筹集同样多的资金，采用普通股筹资的资本成本是最高的。

2. 股票价值的相关概念

股票不是劳动产品，本身并没有价值，它只是一种财产所有权的凭证，但在实际工作中常使用以下五种股票价值的概念：

（1）票面价值。票面价值是指公司在发行股票时所标示的票面金额。其主要功能是确定每股股票在公司中所占的份额，还表明公司股东对每股股票所负有限责任的最高限额。我国《公司法》规定，招股说明书应当载明每股的票面金额，并规定普通股不得以低于票面金额的价格发行，否则，普通股股东就要对债权人承担股票的购价与面值之间差额的责任。实际上，普通股的面值一般比市价低，即普通股一般总是溢价发行。在这种情况下，股本账户只反映面值，而发行价格高于面值的溢价收入，则单独反映在资本公积账户中。

（2）账面价值。账面价值是指在公司账面上反映出来的股票金额，它表示每股所代表公司资产的多少，即每股净资产。全部普通股的账面价值等于公司资产净值减去流通在外的优先股面值，每股普通股账面价值等于全部普通股的账面价值除以流通在外的普通股股数。

（3）清算价值。清算价值是指在公司进行财产清算时，每股所代表的实际价值。从理论上来说，账面价值与其清算价值应当一致，但实际上并非如此。因为资产价格会随着物价水平的变化而变化，一些资产的清算价值小于它的账面价值，而另一些资产的清算价值则高于它的账面价值。在多数情况下，每股清算价值都小于账面价值。

（4）内含价值。内含价值是投资者或股票行情分析者对某种股票分析得出的估计价值，它被认为是股票的真正价值。投资者将它同现行股价进行比较，以决定是否值得进行此项投资。

（5）市场价值。市场价值又称“市场价格”，就是通常所说的“股票价格”，它是股票在实际交易过程中所表现出来的价值。股票市场是一个不断变化的市场，股票价格也是不断变化的，不仅受公司财务状况、盈利状况、股利发放情况、未来发展前景等内部因素的影响，还受投资者心理状态和报刊宣传鼓动等外部因素的影响。

3. 普通股筹资的优劣势

（1）普通股筹资的优势：①普通股筹资没有固定的费用负担。公司有盈利才支付股利，无盈利则不必支付股利，甚至在有盈利的情况下，如遇资金短缺或有更有利的投资机会，也可不支付或少支付股利。②普通股没有固定的到期日，是一项永久性的资金来源。利用普通股筹集的资金，公司一般不用偿还，除非公司清算才需偿还，因此保证了公司的最低资金需求，也减少了公司的财务风险，增加了公司的偿债能力。③提高公司信誉等级，降低债务筹资成本。普通股本是公司的权益资金，它是公司承担各种债务的基础。因此，普通股筹资可以提高公司的信誉等级，为降低债务筹资成本提供了条件。④普通股筹资比优先股、债券更容易，更灵活。因为普通股的预期收益比优先股和债券高，同时还代表着公司的所有权，它的价值不会因通货膨胀而贬值。因此，普通股特别适合期望得到较高收益也愿意承担风险的投资者。

（2）普通股筹资的劣势：①普通股筹资成本高。普通股的股利率通常比债券利率高，再加上股利从税后利润中支付，股利不能像债券利息那样抵减所得税，因此普通股筹资的资本成本比债券高得多。②不能享受财务杠杆利益。当公司盈利水平较高时，利用普通股筹资不能像负债筹资那样提高现有权益资金收益率。③分散控制权。增加普通股发行量，将削弱现有股东对公司的控制权。

（二）优先股

优先股是公司股东权益的构成之一，与普通股有很多相似之处，但又具有债券的某些特征。

1. 优先股的特征

（1）具有一定优先权。这一特征是相对于普通股而言的。优先股的优先权表现在两个方面：一是优先取得股息。当公司分配利润时，首先分给优先股股东，有剩余时，才分给普通股股东，而且优先股的股利一般是可以累积的，即当公司在某个时期内盈利不足以支付优先股股息时，则累积到次年或以后某一年盈利时，在普通股股利发放之前，对往年未付的股息连同本年优先股的股息一并发放。二是优先分配剩余财产。[①]当公司解散清算时，剩余财产首先分配给优先股股东，有剩余时，才分给普通股股东。因此，优先股的投资风险比普通股小。

（2）股息率预先确定，股息从税后利润中支付。优先股的股息率在发行时就预先规定，优先股股东每年应得的股息额等于股票的面值乘以股息率，这点类似于债券，但股息并非像债券利息那样必须支付，不支付优先股股息，并不一定意味着公司不履行合同义务或丧失偿付能力，这可能是由于公司的其他决策原因所致。另外，优先股股息从税后利润中支付，这点类似于普通股。

（3）没有规定到期日。这一特征与普通股相同，但在优先股回收上，可以有两种特殊的处理方法：一是公司可在优先股的发行条款中规定回收的条件以

① 刘娥平 . 企业财务管理 [M]. 北京：北京大学出版社，2014.

后按回收条件收回优先股，但一般的优先股发行公司并无回收的责任；二是公司可在优先股发行条款中规定优先股转换普通股的条件，这种优先股在达到条件后可转换为普通股，这种转换过程实质上也是优先股的回收过程。

（4）没有参与权。优先股股东不能参加股东大会，没有董事选举和被选举的权利，也不能对公司重大经营决策进行表决，只有当公司研究与优先股有关的问题时，才有权参加表决。例如，公司讨论将一般优先股改为可转换优先股，或推迟优先股股利的支付时，优先股股东才有权参加股东大会并有权表决。

2. 优先股筹资的优劣势

（1）优先股筹资的优势如下：

第一，优先股没有固定的到期日，不用偿还本金，它实质上是一种永久性借款。优先股的收回由发行公司决定，这使得公司筹资具有很大的弹性，即当财务状况较差时发行，而当财务状况转好时收回。

第二，股息的支付既固定，又有一定的灵活性。由于优先股股息不是发行公司必须偿付的一项法定债务，因此固定股息的支付并不构成公司的法定义务。如果财务状况不佳，则可暂时不支付优先股股息，那么，优先股股东也不能像债权人那样迫使公司破产。

第三，能提高公司的举债能力，降低债务筹资成本。优先股与普通股一样，都是公司的权益资金，是公司承担各种债务的基础，因此发行优先股能增加公司权益资金比例，增加偿债能力，为降低债务筹资成本提供了条件。

第四，可产生财务杠杆利益，增加普通股收益。当公司的权益资金收益率高于优先股股息率时，由于优先股股息固定，发行优先股越多，普通股的收益就越高。

第五，不会影响普通股股东对公司的控制权。由于优先股股东没有参与权和表决权，因此，发行优先股对普通股股东的控制权没有任何影响。

（2）优先股筹资的劣势如下：

第一，资本成本高。优先股的股息率通常高于债券的利息率，国外优先股的股息率大多在6%～9%之间，而且优先股的股息在税后利润中支付，不能抵减所得税，因而增加了公司的所得税负担。

第二，增加公司的财务负担。优先股需要支付固定股利，虽然公司可以不支付，但这会影响公司形象，进而对普通股市价产生不利影响，而且多数优先股尚未支付的股利可以累积到以后各年，这就会成为公司一项较重的财务负担，影响公司今后的发展。

第三，可能会产生财务杠杆的副作用。当公司权益资金收益率低于优先股股息率时，发行优先股越多，普通股的收益就越低。

三、企业内部积累

企业内部积累主要是指企业税后利润进行分配后所形成的盈余公积和未分配利润。企业的税后利润并不全部分配给投资者，而应按规定的比例提取法定公积金，还可以提取任意公积金。向投资者分配利润后，还有一部分未分配利润。盈余公积和未分配利润可投入到企业的再生产过程中去，这部分通过利润分配而形成的内部积累，可作为企业权益资金的一种来源，它相当于原有投资者对企业的一种再投资。

另外，企业计提的折旧费也是一种资金来源，它是从销售收入中转化来的新增货币资金。尽管折旧费并不增加企业的资金总量，但却能增加企业可以周转使用的现金，因而也可视为一种资金来源。

企业内部积累在外部筹资不畅的情况下，对于补充企业生产经营资金具有重要的作用。利用这种方式筹资，简便易行，不必向外部单位办理各种手续，而且也可以节省筹资费用。企业通过内部积累筹集的资金数量，与企业的经营业绩和利润分配政策有很大的关系。企业应加强内部经营管理，增收节支，通过增加利润来扩大内部积累。

第三节　长期负债资金的筹集

负债资金是指由企业过去的交易或者事项形成的现时义务，履行该义务预期会导致经济利益流出企业，即需要以资产或劳务偿付的那一部分资金，它反映债权人的权益，其出资人是企业的债权人，对企业拥有债权，有权要求企业按期还本付息。[1]企业负债资金的特点有：

（1）债权人没有参与企业经营管理的权利，也不对企业的经营亏损承担责任。

（2）负债资金具有明确的偿还期限，到期必须偿还。

（3）负债资金的投资收益率预先确定，不受企业经营业绩好坏的影响，即使企业亏损，也必须按时向债权人支付利息；如果企业经营业绩好，债权人也不能获得额外的收益。

（4）负债资金投资风险相对较小。一是当企业经营亏损时，债权人也能按事先约定的利息率得到利息；二是当企业发生重大亏损乃至破产清算时，债权人也是在权益资金投资者之前分配企业的剩余财产。

负债资金按偿还时间的长短,分为非流动负债和流动负债。下面重点论述非流动负债资金的筹集，非流动负债资金的筹资方式主要有长期借款、发行债券、融资租赁等。

一、长期借款

长期借款是指企业向银行或其他金融机构借入的使用期限在一年以上的借款。长期借款一般用于长期资产项目。我国的长期借款一般用于增加固定资产，在借款时就规定了用途。如果企业资金需要有限，可采用银行借款方式；而当企业资金需求数量很大时，通过到资本市场上发行证券可能比银行长期借款更经济、更有利。

银行对企业提出的借款申请一般要进行审核，内容包括企业财务状况、信用情况、盈利的稳定性、生产经营状况及发展前景、借款用途和期限、借款的担保品等。经过银行审核以后，如果银行决定接受借款申请，双方可进一步协商借款的具体条件，然后正式签订借款合同。合同中应明确规定借款金额、利率、期限和一些限制性条款。

---

① 刘娥平．企业财务管理[M]．北京：北京大学出版社，2014.

（一）长期借款的优势

（1）借款所需时间较短。发行股票、债券等证券来筹集长期资金所需时间一般都比较长，因为发行前要做好申请、审核等工作，发行时也需要一定时间；而银行借款相对于发行证券来说，能在更短的时间内取得资金。

（2）借款弹性较大。借款的期限、数量、利率可以由借贷双方直接商定，在借款期间，如果企业的情况发生了变化，也可与银行再进行协商，修改借款数量及条件，这比与债券持有人协商要方便得多。

（3）借款成本低。借款利息在所得税前支付，实际上抵消了部分所得税，同时，借款利率一般低于优先股或普通股的股息率。

（4）可产生财务杠杆作用。借款只需支付固定的利息，当企业的收益率高于借款的资金成本时，就可以提高权益资金的收益率。

（二）长期借款的劣势

（1）风险大。由于借款利息是固定的，且必须定期还本付息，在企业经营状况不佳时，可能会产生不能偿付的风险，甚至会引起破产。

（2）限制条款较多。长期银行借款都有许多限制条款，这些条款可能会限制企业的发展战略，影响今后的筹资能力。

（3）可能会产生财务杠杆的副作用。当企业的收益率低于借款利率时，借款越多，权益资金的收益就越低。

二、公司债券

债券是指公司或政府向社会公众筹集资金而向出资者出具的、确定债权债务关系的凭证，债券的发行人是债务人，债券的购买者是债权人。

从广义上说，债券包括国库券、金融债券、企业债券和公司债券。由于国库券的债务人是国家，它具有发行人地位特殊和无违约风险两大特点，因此，通常将国库券作为一种特殊的有价证券而从债券中分离出来。金融债券是由银行和非银行金融机构发行的债券，主要用于解决银行等金融机构的资金来源不足和期限不匹配的矛盾。由于银行等金融机构在一国经济中占有较特殊的地位，政府对它们的运营又有严格的监管，因此，金融债券的资信通常高于其他非金融机构债券，违约风险相对较小，具有较高的安全性。所以，金融债券的利率通常低于企业债券，但高于风险更小的国债和银行储蓄存款利率。企业债券是由中央政府部门所属机构、国有独资企业或国有控股企业发行的债券，且有大型银行、大型国有集团等对债券进行担保，具有很高的信用级别，属于具有“国家信用”的准政府债券。发债资金主要用于固定资产投资、技术更新改造、改善公司资金来源的结构、调整公司资产结构、降低公司财务成本、支持公司并购和资产重组等。

公司债券按照其是否可以转换为股票，可划分为可转换债券和不可转换债券。这里讨论的公司债券是指不可转换债券，即普通债券。

（一）公司债券的特点分析

（1）公司债券具有归还日期。公司发行债券所筹集的资金是公司的负债资金，公司不能永久使用，因此在确定债券期限时应充分考虑资金需要的时间以及偿债能力等因素。

（2）公司债券利息在发行时预先确定。发行债券的公司必须按照预定的利率和时间支付债券利息，不得提前或拖后。

（3）公司债券具有一定的风险性。这种风险性对于债权人和债务人都同时存在，尤其是债务人，风险更大。对于债务人来说，公司发行债券，增加了负债比率，必然增大了财务风险，不能及时归还到期债务的可能性增加，因此，公司发行债券应控制在适度的风险范围内；对于债权人来说，如果公司破产，没有剩余财产可用于归还债券本金和利息，债权人有可能连本金都丧失，即使公司不破产，但由于财务状况差，无法按期还本付息，也会给债权人造成损失。因此，投资者在购买公司债券时，也应充分考虑债券的风险。

（二）公司债券的发行

1. 公司债券的发行方式

在西方，公司债券的发行有公开发行和私自发行两种方式。公开发行是指由投资银行或其他承销人在市场上出售公司债券。如果公开发行，发行公司必须指定一个够资格的信托人，以代表所有公司债券的持有者。信托人的义务是监督公司债券的发行是否合法，财务状况是否合理，是否能遵守发行公司债券时所定的各项契约。如果发行公司债券后不能履行其应尽的义务，信托人可代表公司债券的持有人采取必要行动。私自发行是指公司的债券不经投资银行或其他承销人在市场上公开发行，而是由债券的发行公司与团体投资者协商议价来发行。

债券的销售有代销和包销两种方式。

代销是由证券经营机构代理发行公司销售债券。其特点是代理机构不承担销售的风险，债券发行价格由发行公司确定，代理机构按销售额的一定比例收取代销手续费。这种方式公司承担的销售费用较低，但销售期限较长，销售风险由公司承担。

包销是由证券经营机构以一定的价格全部购买公司发行的债券，然后再以另一个价格对外销售，价差作为证券经营机构的销售手续费。其特点是销售风险由证券经营机构承担，未能对外销售出去的债券由证券经营机构认购。这种方式简单、快捷，发行公司无须承担销售风险，但价差较大，公司负担的债券销售费用高。

2. 公司债券的发行价格

债券的发行价格，取决于债券的利率与投资者要求的收益率。债券的利率按同期银行存款利率或国库券利率再加上债券的风险收益率确定。风险收益率根据公司的信用等级确定，信用等级越高，风险收益率就越低。我国规定，公司债券的信用评级，应当委托经中国证监会认定的、具有从事证券服务业务资格的资信评级机构进行。在确定债券利率时，应从发行公司和购买者两方面考虑：定得过高，公司就要增加债券的资本成本；定得过低，债券发行不出去。因此，债券的利率应与债券投资者要求的收益率基本一致。投资者要求的收益率也叫“市场利率”，是指购买债券的投资者所接受的由市场供求关系决定的均衡利率。在确定债券利率时，一般是按市场利率来确定，此时债券的发行价格就等于面值。但市场利率是经常变化的，而公司债券的利率一经确定就不能再进行调整，这样，当市场利率高于债券利率时，债券发行价格就会低于面值，即折价发行；当市场利率低于债券利率时，债券发行价格就会高于面值，即溢价发行。我国公司债券基本上都是按面值发行。

（三）债券筹资的优缺点

1. 债券筹资的优点

（1）资本成本低。由于债券利息通常低于优先股及普通股的股息，同时，债券利息在税前收益中支付，可以抵扣所得税，因此，债券的资本成本远远低于优先股及普通股的成本。

（2）能产生财务杠杆作用。债券的利息是固定的，当公司投资收益率高于债券利率时，多发行债券能给股东带来更大的收益。

（3）不会影响股东对公司的控制权。债券持有人只有到期收回本金和利息的权利，无权参与公司的经营管理，因此发行债券是维护股东权利的一种措施。

2. 债券筹资的缺点

（1）增加公司的财务风险。债券必须还本付息，是公司的固定支付费用，债券发行越多，负债比率越大，公司的财务负担越重，偿债能力就越低，破产的可能性就越大。

（2）可能产生财务杠杆的副作用。当债券利率高于公司投资收益率时，就会产生财务杠杆的副作用，此时，债券发行越多，股东的收益就越少。

（3）可能导致公司总资本成本上升。当公司负债比率超过一定限度时，公司财务风险和破产风险就会增加，由此导致债券成本、权益成本上升，从而导致总资本成本上升。

（4）降低公司的经营灵活性。在债券合同中，各种保护性条款使公司在股息策略、融资方式和资金调度等多方面受到制约，影响公司的正常发展和以后的筹资能力。

综合分析债券筹资的利和弊，公司在利用债券筹资时，应扬长避短，考虑以下三个问题：

①控制财务风险。根据公司所能承担的财务风险程度确定负债比率的上限，控制发行债券的数量。

②避免产生财务杠杆副作用。当公司投资收益率高于债券利率时，才能以发行债券筹资。

③充分发挥财务杠杆作用。在公司有足够的盈利能力及偿债能力的前提

下，应尽可能利用负债筹资，以增加股东收益。

三、可转换公司债券

可转换公司债券是一种赋予持有人在一定期间内依据约定的条件可以转换成股份的公司债券。从定义来看，可转换债券是建立在债券基础上的衍生证券；从资本级别来看，其偿付地位优先于优先股和普通股；从风险和收益的关系来看，其风险较小，可以获得稳定的利息收益（不考虑信用风险）。作为补偿，可转换债券的收益率应该小于优先股和普通股。因为具有可转换功能，它在一定的期限和满足一定的条件以后可以转换为一定数额的普通股，从而在可控制的风险下具有获得与普通股对应的较高风险收益的可能。

我国债券市场除了普通债券市场外还有可转换债券市场。公司发行可转换债券的目的实际上是通过赋予投资者一定的获取普通股票的权利，来换取低资本成本和少限制的融资条件。对投资者来说，可转换债券是一种很具灵活性的金融品种。它的持有人既可以获得可转换债券本金和利息的安全承诺，又可以在发债公司标的股票股价攀升时将其转换为股票，获得股票价差的收益。它兼具债券和股票的优点，在涨势中随股价上涨，在跌势中保本收息，称得上是一种进可攻、退可守，上不封顶、下有保底的投资工具。

（一）可转换债券的特性

（1）有明确的转换期限。转换期限是指发行公司受理债权转股权的期限。在转换期限内，债权人有选择是否转换的权利。如果在转换期限内没有转换成股票，则发行公司必须在债券到期日偿付本息；一旦转换成普通股票之后，就不能再转换成债券了。

（2）资本成本低。发行可转换债券的公司对于未转换成股票的债券，必须按照预定的利率和时间支付债券利息。由于可转换债券除了利息收入外，还附加了转换成股票的期权收益部分，给投资者以较大的灵活性，因此，可转换债券的票面利率通常低于不可转换债券的票面利率，甚至低于银行存款利率，而且其利息可作为财务费用在税前扣除，抵减了部分所得税。所以，可转换债券的资本成本比其他筹资方式都低。

（3）转股价格在发行时预先确定。转股价格是指募集说明书事先约定的可转换债券转换为每股股份所支付的价格。投资者将可转换债券的转股价格与其股票的市场价格相比，决定是否转换。当股票的市场价格升到转股价格之上时，投资者可将其转为股票套现获利；否则，只能将其当作普通债券处理，静心等待期满兑现本息。但是否转换成股票的权利在于投资者。

（4）可转换债券是一种混合性证券。可转换债券在没有转换成股票之前，具有普通债券的特征，是债权性证券；一旦转换成股票以后，就具有股票的特征，是权益性证券。

（二）可转换债券的基本内容

可转换债券的基本内容包括标的股票、票面利率、期限、转股价格及调整与修正、赎回条款和回售条款等，这些要素对于可转换债券的成功发行及转换是非常重要的。其中转股价格的制订和调整、赎回条款和回售条款的设置都涉及转换条件，而可转换债券能否成功转股依赖于转换条件的设计。

1. 标的股票

可转换债券作为期权类的二级派生产品，与期权一样也有其标的物，即将来可转换债券可以转换成何种类型的股票。可转换债券的标的物一般是发行公司自己的普通股票，不过也有其他公司（如发债公司的上市子公司）的普通股票。在我国，通常的标的股票有A股、B股、H股、N股等。

可转换债券的价值中包含了标的股票的买权，因此，可转换债券的价格必然依赖于标的股票的变动情况，并与标的股票价格同向变动。

2. 票面利率

票面利率就是指可转换债券票面上所载明的利率。票面利率是可转换债券作为一种债券的重要特征。可转换债券固定的利息为投资者提供了保底收益，是投资可转换债券时需要考虑的一个基本要素。票面利率同时也在一定程度上构成了发行公司的融资成本，关系到公司未来几年中的利息负担问题。因此，票面利率最终确定在怎样一个水平上其实是发行公司和投资者利益权衡的结果。

在确定可转换债券的票面利率时，既要考虑当前市场利率水平和公司债券资信等级，还要考虑发行人未来效益预测等因素。如果预计未来标的股票价格高于转股价格越多，票面利率就可设置越低；反之，如果预计未来标的股票价格高于转股价格越少，则票面利率就应设置越高。通常而言，由于发行公司承担的风险较大，可转换债券的票面利率低于同期银行存款利率和企业债券利率。投资者之所以愿意承担这部分利差主要是为了获得转股后的股利或出售股票的价差。

我国已发行的可转换债券票面利率一般都采用逐年递增的方式，平均利率不到2%。

3. 期限

对于可转换债券而言，期限有两个含义，即债券期限和转股期限。

债券期限即可转换债券发行之日至可转换债券到期还本日的年限，它与可转换债券的偿还密切相关。同时，债券期限的长短也会影响到企业将募集的资金作何使用。若期限过短，企业将资金投入长期项目就会面临较大的财务风险（除非企业有另外的资金流入来支付本息），同时对投资者而言，债券期限较短，意味着可选择的转换机会自然也会少一些，可转换债券的投资价值受到影响；而期限过长，则发行人和投资者会面临更多的不确定因素，尤其是市场利率变动所带来的再投资风险。

可转换债券中的另一个期限即转股期限，是指可转换债券转换为股票的起始日至结束日的期间。转股期限的确定是发行公司决策的重要组成部分。一般来说，转股期限较长将有利于持券人选择时机行使转换权，也有利于发行公司比较主动地应付期限之内出现的情况。由于在发行时转股价格通常高于标的股票当时的市场价格，因此，投资者一般不会在可转换债券发行后立即行使转换权。

我国可转换债券的期限最短为1年，最长为6年。目前我国发行的可转换债券多为5～6年。我国规定，可转换债券自发行结束之日起6个月后方可转换为公司股票，转股期限由公司根据可转换债券的存续期限及公司财务状况确定。我国上市公司目前已发行的可转换债券，大多数规定在发行结束6个月后，少数规定在发行结束12个月后，持有人可以依据约定的条件随时转换股票。

4. 转股价格及调整与修正

转股价格是指募集说明书事先约定的可转换债券转换为每股股份所支付的价格。能将多少债券转换成一股股票，在债券发行时就已确定。转股价格的确定，直接涉及投资者与公司现有股东之间的利益关系。转股价格定得过高，会降低可转换债券的投资价值，从而失去对投资者的吸引力，增大发行风险；而转股价格定得过低，尽管能使可转换债券具有较高的投资价值，从而有效地吸引投资者认购，但加大了公司股权的稀释程度，损害公司原有股东的利益。所以，转股价格的确定，不仅要兼顾可转换债券投资者和原有股东双方的利益，有效地降低发行风险，同时还要在一定程度上降低转股风险。

可转换债券具有隐含的股权性质，一旦可转换债券持有人行使转换权，即成为公司股东，享有的权利与老股东无异。但是，如果因为种种原因使发行公司股份发生实质性变化，且使每股权益遭受到稀释时，如送红股、转增股本、增发新股、配股和派息等情况使股份或股东权益发生变化时，可转换债券的转股价格就会有所贬损，而可转换债券持有人在转换前无法通过接受红股或参与配股来得到补偿，将蒙受潜在的损失。同时股本的稀释必然导致标的股票价格的下降，若不调整转股价格，转换实现的可能性减小，无论是对可转换债券投资者还是发行公司都是不利的。由于转股价格的调整主要是针对股权被稀释的情况，因此，在有的国家也称此类条款为“反稀释条款”。我国规定，发行可转换债券后，因配股、增发、送股、派息、分立及其他原因引起上市公司股份变动的，应当同时调整转股价格。

在发行可转换债券后，公司有可能发生资产重组或融资行为，而这种行为往往又会使得公司的股票价格产生较大幅度的波动。转股价格向下修正，既可以保护可转换债券持有人的利益，在特定情况下对发行公司而言同样是有利的。因为转股价格相对于标的股票过高，则持有人缺乏行使转换权的利益驱动，若不及时调整，将最终导致可转换债券转换率降低，发行公司将面临巨大的还本付息压力，发行可转换债券的目的也就难以实现。因此，转股价格适时向下修正无论对于发行公司还是投资者都是必要的。但修正后的转股价格一般不低于前20个交易日该公司股票交易均价和前一交易日的均价，也不得低于公司普通股的每股净资产。

5. 赎回条款

赎回是指发行公司在一定时期内可以提前收回未到期的可转换债券，赎回价格一般高于面值。对于不具有赎回条款的可转换债券，当标的股价长期大幅度地上涨时，尽管对可转换债券的投资回报没有上限控制，但对发行公司原有的股东来说，其利益将被较大地割让。赎回条款主要是为了保护可转换债券发行公司及其原有股东利益。当利率下调时，为避免利息损失，发行公司可发行利率更低的可转换债券来赎回原发行的可转换债券；或者在标的股票市场价格处于上涨的情况下，对可转换债券持有人可能获得的收益进行限制，使持有人行使转换权，从而加速转换过程，提高可转换债券的转换率。因此，赎回条款也被称为“加速转换条款”。赎回实质上属于提前偿还的一种方法，更多地考虑了发行人如何避免利率下调的风险、还本压力以及财务风险，是发行人的一种权利，而非义务。在同样条件下，附加此种条款时，发行公司要在提高票面利率或降低转股价格等方面向投资者适当让利，这也是发行公司向投资者转移风险的一种方式。

在赎回条款生效时，发行公司可以有两种支付方式：一种是直接支付现金赎回可转换债券；另一种是发行公司重新发行新的认股权证、可转换债券或其他工具，来赎回原先的可转换债券。两种还本付息的方式，实际上是发行公司在长期利益与短期利益之间进行某种权衡和调节。

6. 回售条款

回售是指可转换债券持有人有权在规定时期内以高于面值一定的溢价将可转换债券出售给发行人。不具有回售条款的可转换债券，对于投资者而言，当标的股价长期大幅度地下降时，其投资回报尽管有普通债券的价值保底，但由于可转换债券的票面利率通常都非常低，因而可转换债券的投资者也将会承受较大的损失。回售条款主要是为了保护投资者的利益，在公司股价表现不佳时，赋予投资者在指定的时期内将可转换债券以高于面值一定比例的回售价格卖回给发行公司的权利。在同样条件下，附加此种条款时，发行公司要在降低票面利率或提高转股价格等方面让投资者适当付出一些代价，这也是投资者向发行公司转移风险的一种方式。产生回售条款的直接原因在于，发行人为了吸引投资者认购，降低投资者的风险，使可转换债券发行顺利、筹资成功。

（三）可转换债券的价值分析

可转换债券的价值分析是公司利用这一融资工具必须首先考虑的问题，因为其他分析如资金成本、融资风险、可转换债券的设计等都要以价值分析作为基础。同时，可转换债券的价值是决定投资者是否购买、是否出让以及是否转换为股票等投资决策的重要判断依据，所以它成为发行公司和投资者共同关注的焦点。

1. 作为债券的价值

可转换债券的债券价值是指倘若它永不被转换的话，每单位可转换债券的价值，也即把可转换债券的转换期权去掉，作为普通债券的价值。当可转换债券标的股票价格低于转股价格时，投资者一般不会选择转换，而是选择继续持有，这时可转换债券具有普通债券的价值，即在发行公司不违约的情况下，无论标的股票市价下降多少，可转换债券的价值也不能低于作为普通债券的价值。可转换债券的债券价值就是可转换债券在不进行转换的条件下所有未来现金流（包括利息和本金）按市场利率进行折现的价值，它其实是普通债券的理论价值。

2. 转换为标的股票的转换价值

可转换债券的转换价值是指倘若立即转换的话，每张可转换债券转换成的标的股票的总价值。即：

转换价值=转换后标的股票市场价格×转股比率

转股比率=每张可转换债券面值／转股价格

3. 可转换债券的投资分析

由于可转换债券是由普通的公司债券与股票的买入期权这两部分复合而成的，因此，可转换债券的市价也应由普通债券的市场价值与可转换债券买入期权的价格这两部分相加而成。普通债券的市场价值为可转换债券持有人提供了投资的保底价值；而可转换债券买入期权的价值取决于标的股价未来的走势，它为投资者提供了附加的投机价值。

如果可转换债券的市价低于其转换价值，人们将在市场上以市价购进可转换债券，并按其转股价格转换成标的股票，然后再将标的股票卖出，从中获取利润；如果可转换债券的市价低于其作为普通债券的价值，人们将在市场上以市价购进可转换债券，但不将其转为普通股票，以赚取高额利息收入所带来的超额利润。正是由于这类套利活动的存在，使得可转换债券的市价至少不低于它的转换价值或作为普通债券的价值。

由于可转换债券的市价具有下限但无上限的特点，使得可转换债券的市价经常高于其转换价值。可转换债券的市价高于其转换价值的差额称为“转换溢价”。转换溢价通常为转换价值的5%～20%。

（四）分离交易可转换债券

分离交易可转换债券是一种附认股权证的公司债券，可以简单理解成买债券送权证，债券与权证分离交易。分离交易可转换债券分离的纯债和认股权证赋予了上市公司一次发行两次融资的机会。分离交易可转换债券与普通可转换债券的本质区别在于债券与权证可分离交易。分离交易可转换债券的期限包括债券期限、认股权证存续期和行权期。我国规定分离交易可转换债券的期限最短为1年，认股权证的行权价格应不低于公告募集说明书日前20个交易日公司股票均价和前一个交易日的均价，认股权证的存续期间不超过公司债券的期限，自发行结束之日起不少于6个月，认股权证自发行结束至少已满6个月起方可行权，行权期间为存续期限届满前的一段期间，或者是存续期限内的特定交易日。分离交易可转换债券没有设立赎回条款和向下修正条款，回售条款规定只是当上市公司改变公告的募集资金用途时才赋予债券持有人一次回售的权利。

（五）可转换债券筹资的优劣势

1. 可转换债券的优势

（1）资本成本低。可转换债券的利息率通常低于普通债券的利息率和银行贷款利率，投资者对转换价值预期越高，票面利率可设置越低。另外，可转换债券的利息可作为财务费用在税前扣除，抵减了部分所得税，因而使可转换债券的资本成本较其他筹资方式都低。

（2）比直接股票或债券筹资具有更大的优越性。发行可转换债券的基本目的往往是为了出售普通股票而并非债券，但由于各种原因，如企业新建、工程开工，成本高而一时又无盈利，从而使出售的股票价格较低，或者说，要筹集同数量的资金需要发行更多的股票，从而稀释原有股权。由于可转换债券的转股价格通常高于标的股票的市价5%～20%，因此，转换后比直接出售股票的股数要相对减少5%～20%。由于可转换债券的利息率大大低于普通债券的利息率，即使转股失败，也比直接出售普通债券有利。

（3）比普通股票或债券筹资更容易。对于投资者来说，可转换债券既为投资者提供固定的利息收入和还本保证，同时又赋予投资者转换权，使投资者能分享公司业绩增长和股票增值的益处。因此，在我国目前条件下，发行可转换债券能被大多数投资者所接受。

2. 可转换债券的劣势

（1）财务风险大。发行公司总是期望标的股票价格高于可转换债券的转股价格，从而完成其转换，由债务转化为所有者权益，公司无须偿付本金，相当于提前（或额外）发行股票，而不赋予这部分“股东”相应的“权益”。但如果公司经营不善，股价下跌，投资者不愿转换，那么，发行公司将面临还本付息的压力，此时无异于雪上加霜。

（2）不能得到财务杠杆的好处。一般来说，当公司未来盈利能力强时，发行普通债券可使股东得到财务杠杆的利益；而当公司未来盈利能力差时，发行普通股票可避免偿债的压力。而发行可转换债券却不能获得上述好处。因为只有当公司盈利能力强，标的股票价格上涨到高于转股价格时，投资者才会转换，而此时公司原有股东却得不到财务杠杆的利益；当公司盈利能力差时，投资者不会转换，公司又面临破产的风险，公司原有股东将会遭受更大的损失。

（3）资本成本低的优势有一定的时间界限。只有当可转换债券未转换成标的股票以前，公司才能享受资本成本低的好处，一旦转换，这种优势将随之消失，而且当标的股票价格大幅上涨后，其成本也将大幅度上升。

第三章

企业营运资本与利润管理

营运资本对一个企业的发展与生存具有重要意义。利润是企业在一定时期的经营成果，集中反映企业在生产经营活动各方面的效益，是企业最终的财务成果。本章主要围绕营运资本概述、企业流动资产与流动负债管理、企业利润的规划与构成、企业利润的分配管理这四部分内容进行分析。

第一节　营运资本概述

一、营运资本的概念及来源

营运资本是指流动资产减去流动负债后的净额。流动资产是指预计在一个正常营业周期中变现、出售或耗用，或者主要为交易目的而持有，或者预计在资产负债表日起一年内（含一年）变现的资产，以及自资产负债表日起一年内交换其他资产或清偿负债的能力不受限制的现金或现金等价物等资产。流动资产主要包括货币资金（库存现金和银行存款）、交易性金融资产、应收及预付款项和存货等。流动负债是指预计在一个正常营业周期中清偿，或者主要为交易目的而持有，或者预计在资产负债表日起一年内（含一年）到期应予以清偿以及企业无权自主地将清偿推迟至资产负债表日后一年以上的债务。流动负债主要包括短期借款、应付及预收款项等。

营运资本有三个来源：一是非流动负债的增加，如新增长期借款、发行新的债券等；二是所有者权益的增加，如股东增加投资、企业获得新增利润等；三是非流动资产的减少，如收回长期股权投资、固定资产变卖等。

由于流动负债是将在一年或者超过一年的一个营业周期内要偿还的债务，而非流动资产在一年内或者超过一年的一个营业周期内都不准备变现，因此，流动负债只能以流动资产来偿还。通过将流动资产与流动负债进行对比，可以反映企业偿还短期债务的能力。营运资本越多，说明流动资产用于偿还流动负债后的剩余部分越多，那么企业的短期偿债能力越强，风险越小；营运资本越少，甚至为负，说明流动资产用于偿还流动负债后的剩余部分越少，甚至不足以偿还流动负债，那么企业的短期偿债能力越弱，风险越大。如果企业不能在短时期内筹措到新的资金，就面临无法偿还到期债务的危机，进而导致企业变卖长期资产以偿还到期债务，这势必会影响企业的正常生产经营。因此，营运资本的管理对于企业的生存、发展具有重要的意义，一个企业的财务主管要将大部分时间和精力放在营运资本的管理上。

二、营运资本规模的相关概念及确定

营运资本规模的大小取决于流动资产总额与流动负债总额的相对大小。因此，在确定营运资本规模之前，应先分析流动资产总额与流动负债总额。

（一）流动资产总额

流动资产总额与企业的经营规模、所处的行业有很大关系。企业规模越大，流动资产总额也应越高。商业贸易型企业流动资产占整个资产的比重往往高于制造型企业。

由于流动资产的使用期限短、流动性强、变现快，因此，一般来说，流动资产占资产总额的比例越大，企业不能偿还到期债务及不能应付各种意外情况的可能性大大下降，企业的风险就越小。从降低风险的角度来看，流动资产占资产总额的比例越大越好。

在企业规模一定，即生产能力一定的情况下，流动资产占资产总额的比例对企业的盈利能力影响很大。在流动资产投资不足时，流动资产占资产总额的比例提高，意味着企业的生产能力得到更充分的利用，那么企业的盈利能力应随之提高，这时降低风险与提高收益是一致的，说明应增加对流动资产的投资；而在流动资产投资过剩时，流动资产占资产总额的比例提高，意味着更多的现金闲置，更多的资金置留于应收账款上或更多的存货积压，相应的企业的盈利能力就会降低，这时降低风险与提高收益出现了矛盾，因而存在风险与收益的权衡问题。[①]

另外，流动资产各项目的变现能力及收益率是不同的。现金随时可以用于支付，但收益率最低，因为库存现金没有收益，而银行存款也只能取得活期利息。交易性金融资产是指取得该金融资产的目的主要是为了近期内出售或回购，比如企业以赚取差价为目的从二级市场购入的股票、债券、基金等。在高效率的资金市场条件下，其变现能力接近现金，投资收益率也高于现金，但存在一定的投资风险。应收账款在企业外部法制环境健全的条件下，其变现能力也是很高的，其收益率高于现金，但也面临坏账的风险。存货的变现能力则受市场不确定因素的影响大而相对较差，但存货的收益率最高，因为企业的收益主要来源于存货的销售利润。因此，企业增加现金、交易性金融资产、应收账款等变现能力较强的流动资产，将有利于增强企业的短期偿债能力，但会降低企业的收益水平；而企业增加存货，尽管有利于企业收益的提高，但却降低了企业的偿债能力，而且当存货占用超过企业生产能力的需要时，也会造成存货积压，从而导致收益下降。

由以上分析可看出，企业在确定流动资产总额及其结构时，一方面必须与企业的生产经营规模相适应，使企业的生产能力得到充分的利用；另一方面也必须权衡收益与风险，使企业既有足够的偿债能力，又不至于使流动资产闲置浪费，从而降低企业的收益。

（二）流动负债总额

权益资本成本要大于债务资本成本，而在负债资金中，短期借款成本小于长期借款成本，其他应付及预收款项往往是没有成本的，因此流动负债的资本成本往往是最低的。在全部资金中，流动负债占的比例越高，企业长期资金来源占的比重就越低，因而整个资金的成本就会相应降低，企业的收益率就应该

---

① 冯志红．企业资金筹集方式 [J]. 经营与管理，2006，（2）：49-50.

越高。

但由于流动负债使用的时间较短，面临的偿债风险大于非流动负债，因而提高流动负债的比例，虽然能使全部资金的成本下降，但也使企业无法清偿到期债务的可能性增大。如果企业没有足够的流动资产来偿债，就可能被迫出售非流动资产，这不仅会降低非流动资产的出售价格，而且还会影响企业的正常生产经营；或者企业为了维持正常的生产经营而不得不以高利率借款来偿还到期债务，从而使企业蒙受损失。这样，企业从提高流动负债比例上获得的提高收益率的好处就会被企业承担风险的增加而大大抵消，甚至带来负面影响。因此，在确定流动负债总额时，要权衡不同流动负债水平下的收益与风险。

（三）营运资本规模的确定

从理论上讲，只要流动资产大于流动负债，企业就具备短期偿债的能力。因此，营运资本的理论最低规模为零，但这必须以流动资产的变现进度与流动负债的偿还进度完全吻合为前提。如果流动资产的变现进度慢于流动负债的偿还进度，企业就可能遭受到期不能偿债的风险。从前面营运资本的来源可以看出，尽管企业可以通过变卖非流动资产、提前收回长期股权投资或增加股东投入等方法来偿还到期债务，弥补流动资产变现能力的不足，但实际上各种非流动资产都有其特定用途，将其变现不仅当前要付出一定代价，而且对未来的获利能力及偿债能力都会产生很大影响。因此，通过非流动资产变现来偿还流动负债通常是不可取的。[①]况且，随着时间的推移，各种非流动负债也将逐渐转化为流动负债，而这些非流动负债的偿还都必须以企业未来的盈利作为保证。另外，流动资产中还面临着一部分资产无法变现的风险，如坏账损失、冷背呆滞、霉烂变质的商品及削价损失等，这些不确定因素的存在使得企业的流动资产一定要大于流动负债，即营运资本必须大于零。

营运资本的多少，是企业短期偿债能力高低的重要标志。一般而言，营运资本数额越大，企业的短期偿债能力越强；反之则越小。因此，增加营运资本的规模是降低企业偿债风险的重要保障。如果营运资本规模的确定只是为了满足短期偿债的要求，那么营运资本规模应是越大越好。但是，营运资本规模的

① 冯志红．企业资金筹集方式 [J]. 经营与管理，2006，（2）：49-50.

增加，要求企业必须有更多的长期资金来源用于流动资产占用，从而会增大企业的资本成本，降低获利能力，资本成本的提高与获利能力的降低又反过来使未来的偿债能力下降，偿债风险提高；相反，如果减少营运资本的规模，虽然企业的短期偿债能力下降，但由于有较多的流动负债用于流动资产占用，从而降低企业的资本成本，提高获利能力，资本成本的降低与获利能力的提高又反过来使未来的偿债能力提高。因此，企业营运资本规模的确定，必须在考虑偿债风险的基础上，再考虑成本和收益。

三、筹资策略对营运资本的意义

企业的流动资产一部分来源于流动负债等短期资金，另一部分来源于非流动负债、所有者权益等长期资金。营运资本的多少与企业采取的策略有很大关系。总的来说，企业的流动资产筹资策略有三种。

（1）稳健型的筹资策略。流动资产占用的资金数量会随着企业内外条件的变化而变化，时高时低，波动很大，尤其是季节性企业更是如此，因此，稳健型的筹资策略是：对于长期资产及经常性占用的流动资产，如最低的原材料、在产品和产成品储备、最低的现金余额等，用长期资金来融通；对于临时性占用的流动资产，一部分用长期资金来融通，一部分用短期资金来融通。

采用稳健型的筹资策略，企业大部分资产以长期资金来融通，当临时性占用的流动资产出现高峰时，企业也只需要融通少量的流动负债就可满足需要。因此，这种筹资策略使得企业的营运资本加大，短期偿债的风险下降；但由于长期资金的比例太大，造成企业资本成本上升，从而导致收益下降。

（2）激进型的筹资策略。激进型的筹资策略是：对于长期资产，用长期资金来融通；对于经常性占用的流动资产，一部分用长期资金来融通，一部分用短期资金来融通；对于临时性占用的流动资产，全部采用短期资金来融通。

采用激进型的筹资策略，企业大部分的流动资产用短期资金来融通。因此，这种筹资策略使得企业的营运资本减少，短期偿债风险加大；但由于短期资金占的比例较大，因而企业的资本成本较低，能增加企业收益。

（3）折中型的筹资策略。折中型的筹资策略是：对于长期资产和经常性占用的流动资产，用长期资金来融通；而对于临时性占用的流动资产，则用短期资金来融通。折中型的筹资策略是介于稳健型的筹资策略和激进型的筹资策略之间的一种策略，因而使企业的营运资本介于以上两种策略之间。

以上三种筹资策略对营运资本规模的影响较大，不同的策略选择可以影响企业的收益和风险。在资金总额不变的情况下，短期资金增加，可导致收益的增加，但也增加了企业的财务风险。因此，企业必须权衡收益和风险后确定采用何种策略。

第二节 企业流动资产与流动负债管理

一、流动资产管理

（一）现金管理

现金是立即可以投入流通的交换媒介。它的首要特点是普遍的可接受性，即可以有效地立即用于购买商品、货物，用于劳务支出或偿还债务。因此，现金是企业中流动性最强的资产。现金包括库存现金、各种形式的银行存款和银行本票、银行汇票等。①

1. 持有现金的动机

企业持有现金主要有三个动机。

（1）交易动机。是指企业为了支付日常业务开支而必须保持现金，如购买原材料、支付工资、管理费用、税款、股利等。尽管企业会经常取得业务收入，但每天的现金收入和现金支出很少同时等额发生，保持一定的现金余额，在现金支出大于现金收入时，就不致中断交易的进行。

（2）预防动机。是指为了防止意外而必须保持现金。企业现金预算一般是确定正常情况下的现金需要量。预防动机需要现金量的多少，取决于以下三个

① 王满，程廷福．财务管理基础（第 2 版）[M]. 大连：东北财经大学出版社，2018.

因素：一是现金收支预测的可靠程度，越可靠，预防现金数量就越小；二是企业临时借款的能力，如果能够很容易地借到短期资金，就可以减少预防现金数量；三是企业愿意承担风险的程度，如果不愿意承担风险，预防现金数量就要扩大。

（3）投机动机。是指持有现金以备用于不寻常的购买机会而获得意外利润。如有降价的商品或廉价的材料，便可以用手头现金大量购入；再如在适当时机购入价格有利的股票和其他有价证券等。除了金融机构和投资公司外，其他企业很少专为投机需要而持有现金，即使是有不寻常的购买机会，也是临时再筹集资金。

2. 现金管理的目的

企业缺少必要的现金将不能应付业务开支，严重的将导致停工待料损失和信用损失，这些损失虽难以准确计量，但造成的影响往往很大。但如果企业持有过量的现金，又会因为这些现金不能投入周转、无法取得盈利而遭受一些损失。现金是流动性最强的资产，也是获利能力最低的资产。因此，企业应尽可能少地持有现金，即使不将其投入本企业的经营周转，也应尽可能多地投资于能产生高收益的其他资产，如短期有价证券等。企业为了获得最大的利润，既要保持相当的现金，以满足日常业务开支的需要，又要避免现金的闲置浪费。因此，现金管理的目的，就是要在资产的流动性和盈利能力之间做出抉择，以获取最大的长期利润。

3. 现金收支管理

现金收支或财务收支是资金运动的主要形式。现金支出意味着一次资金运动的开始，现金收入意味着一次资金运动的结束，因此，现金收支是资金循环的纽带。要使现金收支在数量上和时间上相适应和衔接，就必须对它进行管理，进行全面的安排和调度。进行现金收支管理，需要做好以下四个方面的工作：

（1）完善企业现金收支的内部管理。为了保证企业现金收支不出差错、财产安全完整，需要完善现金收支的内部管理。主要有：第一，现金收支的职责分工与内部牵制。这主要是指现金的保管职责与记账职责应由不同人员担任，即出纳和会计不能由同一人担任，业务的执行要由不同职责的人员共同完成，以防止弄虚作假、贪污挪用的情况发生，也有利于减少误差。第二，现金收支的及时清理。现金的收支应做到日清月结，确保库存现金的账面余额与实际库存余额相符，银行存款结余额与银行对账单余额相符，现金、银行存款日记账数额分别与现金、银行存款总账数额相符。第三，现金收支凭证的管理。包括强化收据与发票的领用制度，空白凭证与使用过凭证的管理，等等。第四，按照国家《现金管理暂行条例》和《银行结算办法》的有关现金使用规定和结算纪律处理现金收支。

（2）制订现金预算和按预算安排现金收支。为了有计划地管好用好现金，企业应逐期编制现金预算，并按预算安排现金收支。通过现金预算，可以了解企业各期现金收入和现金支出的情况，从而确定现金结余或短缺的数额及时间，为进一步的投资和筹资提供依据。

（3）运用现金日常管理的策略。现金日常管理的目的在于提高现金使用效率，即在不损害企业信誉、不加大企业财务风险的前提下，加速现金的收款过程和延缓现金的付款时间。为达此目的，可运用下列策略：

其一，力争现金收支同步。如果企业能尽量使其现金收入与现金支出发生的时间趋于一致，就可以使其所持有的交易性现金余额降到最低水平，这就是所谓的“现金收支同步”。为了达到现金收支同步，企业可以重新安排付出现金的时间，也可以适当调整现金收入的时间，尽量使现金收支的数量与发生的时间趋于一致。

其二，加速收款。加快货款收回是减少企业闲置资金数量的重要手段。要加快货款收回工作，必须正确选择结算方式。在采用托收承付和分期收款结算方式时，财务部门要根据预计的货款收回日期或合同约定的收款日期，督促购货单位按时支付货款。如果未能按时收到货款，应向银行查询，并和销售部门密切配合，采取各种办法与购货单位联系催收，分个别情况积极进行清理，以免造成长期拖欠，影响资金周转。对于催收无效的购货单位，应按照合同的规定，要求赔偿经济损失。如属本企业质量问题或其他过失造成的拒付，财务部门也要认真查明原因，分清责任，及时处理。

其三，推迟应付款的支付。除了加速现金收回之外，还应最大限度地延缓现金的支出。延缓现金的支出，必须充分利用卖方在商品交易中所提供的信用条件。在购买材料或商品时，如采用远期商业汇票结算方式，就可延缓付款时间3～6个月，甚至更长。另外，对于其他各种应付款，应在不违反付款时间的条件下，尽量延长付款时间。

（4）现金考核。为了加强现金收支管理，提高现金使用效率，企业应在经营期末对现金的实际使用情况进行考核，肯定成绩，找出问题，分析原因。因为在企业的现金收入中，销售收入是最主要的部分。在其他条件一定的情况下，某一期间的现金周转率越高，现金的使用效率就越高。

（二）应收账款管理

应收款项是企业因对外销售产品和材料、提供劳务及其他原因，应向购货单位或接受劳务单位及其他单位收取的款项，包括应收账款、应收票据、其他应收款等。应收款项是企业流动资产的一部分，它相当于企业向客户提供短期贷款，在流动资产的管理上，被看作一项特殊的投资项目。由于应收账款是企业应收款项的主体，因此下面主要以应收账款为例说明应收款项的管理。

1. 应收账款作用和成本分析

应收账款实质上是企业为了扩大产品销路、增加收入而对买方所提供的一种商业信用，这种商业信用的投资是有成本和风险的。企业对应收账款的管理就是要对其应收账款上的投资进行收益与成本的权衡，以便制订出最佳的信用政策与收账政策。

（1）应收账款的作用：其一，增加销售。随着市场经济体系的建立和发展，市场竞争将日趋激烈，为了扩大销售、增加利润，大多数企业都向客户提供商业信用，赊销商品或赊供劳务已成为许多企业采取的一项策略。其二，开拓新市场。企业为了开拓新的市场，一般都采用较优惠的信用条件进行销售，以求尽快打开市场销路。有利的信用条件已成为许多企业开拓新市场、提高市场竞争能力的工具。其三，减少存货。企业持有产成品存货，需要支付保管费，还可能发生损耗，有的产品还会过时。如果将存货转化为应收账款，则可避免上述问题，特别是季节性销售的企业，在销售淡季一般都采用较为优惠的信用条件，以减少存货及各种费用支出。

（2）应收账款的成本。持有一定数量的应收账款，必然有成本支出，主要包括以下三类：

其一，持有应收账款的机会成本。应收账款是企业的一项资金垫支，如果不用于应收账款，就可用于其他投资，如有价证券等，从而取得一定的利息收入。这种因垫支在应收账款而放弃其他投资所减少的收入，就是应收账款的机会成本。这种机会成本一般按有价证券利息率计算，即：

应收账款的机会成本=应收账款平均占用额×有价证券利息率

其二，应收账款的管理成本。主要包括：客户信用状况调查的费用；搜集各种信息的费用；应收账款的核算费用；应收账款的收款费用；其他管理费用。

第三，坏账损失成本。坏账损失是由于客户违约不支付货款而造成的损失，一般与应收账款的数量成正比。有商业信用，就有可能发生坏账损失。即：

坏账损失成本=应收账款金额×坏账损失率

2. 信用政策

企业应收账款的大小通常取决于市场的经济情况和企业的信用政策。市场的经济变化，如经济衰退、紧缩银根等，客户往往会延期付款，这种应收账款的增加，企业是无法控制的，但企业可通过调整信用政策来调节应收账款的大小，这是企业可以决定的。所谓“信用政策”，就是通过权衡收益和成本对最佳应收账款水平进行规划和控制的一些原则性规定。要想管好应收账款，必须事先制订合理的信用政策。企业的信用政策包括信用标准和信用条件。

（1）信用标准。信用标准是指客户获得企业的交易信用所应具备的条件。如果客户达不到信用标准，便不能享受企业的信用或只能享受较低的信用优惠。信用标准反映了应收账款的质量水平，它对于可接受的风险提供了一个基本的判别标准。企业在设定某一客户的信用标准时，往往先要评估他赖账的可能性，即他的信用状况。信用标准通常用坏账损失率表示，可允许的坏账损失率越低，表明企业的信用标准越紧。

（2）信用条件。信用条件是企业规定客户支付赊销款项的条件，包括信用期限和现金折扣两项内容。

如果信用期限延长，表示企业给予客户的信用条件放松，这时原来客户的购买量可能增加，同时还可能吸引新的客户，因此销售量会增加，这是延长信用期限积极的一面；但同时也会带来消极的一面，因为信用期限延长，平均收款期也随之延长，企业在应收账款上的垫支就会增加，并相应增加管理成本和坏账损失成本。

信用期限是企业为客户规定的最长付款时间，如30天内付款、60天内付款等。现金折扣是企业为使买方尽早付款而给予提前付款客户的优惠，通常记为“2/10，n/30”，表示如果在发票开出之后10天内付款，可享受2%的折扣，如果超过10天并在30天内付款，则不享受折扣，全部货款必须在30天内付清。

企业为了减少应收账款上的垫支，加快资金的回收，往往在延长信用期限的同时，采取现金折扣的办法。企业给予现金折扣，可以促使买方早日付款，减少企业应收账款的资金占用及管理成本，也减少了发生坏账损失的可能，但给予现金折扣也势必减少企业的收入，因此，企业是否提供现金折扣，要比较提供现金折扣后由于减少资金占用而带来的收益是否大于现金折扣支出。现金折扣包括折扣率和折扣期限。折扣率平均为2%～3%，折扣期限一般为10～20天，各行业之间有所差别。

3. 收账政策

收账政策是指企业向客户收取逾期尚未支付的应收账款的程序，也就是指企业的信用条件未被遵守时，企业采取什么行动进行收账。应收账款发生后，企业应采取各种措施，尽量争取按期收回款项，否则会因拖欠时间过长而发生坏账，使企业遭受损失。这些措施包括对应收账款回收的监督、对坏账损失的事先准备和制订适当的收账政策。

（1）应收账款回收的监督。企业已发生的应收账款时间有长有短，有的尚未超过收款期，有的则超过收款期。一般讲，拖欠时间越长，款项收回的可能性越小，形成坏账的可能性越大。对此，企业应实施严密的监督，随时掌握回收情况。实施对应收账款回收情况的监督，可以通过编制账龄分析表的办法实现。

账龄分析表可以反映有多少应收账款在信用期内，有多少超过了信用期。如果应收账款在信用期内，欠款是正常的，但到期后能否收回，只有到时才知，因而及时监督是有必要的。如果应收账款超过了信用期，但超过时间较短，那么收回这部分欠款的可能性还是很大的；超过时间较长的应收账款，收回就有一定难度；超过时间很长的应收账款，就有可能成为坏账。对超过信用期不同时间的应收账款，应采取不同的收账方法，制订出经济可行的收账政策；对可能发生的坏账损失，则应提前做好准备，充分估计这一因素对损益的影响。

（2）坏账损失的准备。坏账损失是指企业不能收回应收账款而发生的损失。按现行财务制度规定，坏账的确认有三个条件：一是债务人单位撤销，依照民事诉讼法清偿后，确实无法追回的应收款项；二是因债务人死亡，既无遗产可供清偿，又无义务承担人，确实无法收回的应收款项；三是因债务人逾期未履行偿债义务，超过三年仍然不能收回的应收账款。

在市场经济条件下，企业之间因商业信用而发生不能收回的应收账款是不可避免的，因此，提前对其做好准备就显得非常必要。现行企业会计制度规定：企业应当定期或者至少于每年年度终了时，对应收款项进行全面检查，预计各项应收款项可能发生的坏账，对于没有把握能够收回的应收款项，应当计提坏账准备。

（3）收账政策制订。收账费用是制订收账政策时需要考虑的重要因素之一。收账费用通常包括收账所花的邮电通信费、派专人收款的差旅费和不得已时的法律诉讼费用等。如果其他情况都相同的话，在一定范围内，收账费用花得越多，收账措施越有力，可收回的账款就越多，坏账损失就越少，平均收账期也就越短。

企业制订收账政策时应权衡利弊，如果企业的销售额同收账方面付出的努力无关，即无论收账费用为多少，销售额是不变的，那么在确定适宜的收账费用水平时，只需要将收账费用与应收账款的机会成本和坏账损失之间进行权衡。在实际工作中制定有效得当的收账政策在很大程度上靠有关人员的经验。

二、流动负债管理

（一）短期借款

短期借款是指企业向银行和其他非银行金融机构借入的、期限在一年以内的借款。

银行借款按是否需要抵押品分为抵押借款和非抵押借款两种。

1. 抵押借款

抵押借款，又称“担保借款”，是指需要以借款企业某些资产作为偿债担保的一种借款。对信用不好、财务状况较差的企业贷款，银行往往要求有抵押品担保或由第三者担保。银行通过控制抵押品，可以降低贷款风险。在一般情况下，抵押品总值应大于贷款金额，银行贷款的安全程度主要取决于抵押品的价值大小和它的变现能力，抵押品价值越大，变现能力越强，出售时可能获得的现金就越多，贷款就越安全，企业获得的贷款金额占抵押品价值的比例也就越高。如果企业不能履行还款义务，银行可出售抵押品，以其销售收入归还贷款。短期抵押借款的抵押品以流动资产最为合适，最常见的是应收款和存货。①

除了可用应收款、存货两类资产抵押取得短期借款外，还可以用诸如股票、债券等有价证券或由第三者担保等方式取得短期借款。

2. 非抵押借款

非抵押借款，又称“无担保借款”，是一种不需要抵押品的借款。实际上它是企业凭借自身的信誉从银行取得的借款，所以这种贷款一般只发放给信誉好、规模大的企业。非抵押借款是大企业短期资金的重要来源，通常运用于季节性增加的应收账款和存货上。

申请非抵押借款时，需要将企业近期的财务报表、现金预算和预测报表等资料送交银行，银行根据这些资料对企业的风险和回报进行分析后，决定是否向企业贷款，并拟定具体的贷款形式。

借款期限以预定的托收货款收回期为准。预定的托收货款收回期的长短主要取决于凭证的传递时间、承付日数、双方开户银行办理手续所需日数等因素。

企业除了向银行申请借款以外，也可以向信托投资公司、财务公司、租赁

① 刘娥平．企业财务管理 [M]. 北京：北京大学出版社，2014.

公司、保险公司、信用社等非银行金融机构取得借款。

3. 短期借款的成本

短期借款的成本包括借款利息、手续费、抵押品的保管费等。其中借款利息是最主要的部分。银行贷款利率的高低视申请借款企业的财务状况及信誉等级而定，利率分为以下两类：

（1）基本利率。基本利率是指银行给实力雄厚、财务状况好、信誉佳的企业发放贷款时收取的利息率，是银行向企业贷款收取的最低利率。银行向这类企业贷款风险小，因此要求的利率也较低。

（2）高于基本利率的利率。银行在给一般企业贷款时，所要求的利率高于给实力雄厚的企业贷款的利率，也就是银行对一般企业贷款要收取高于基本利率的利率，它是在基本利率的基础上加上一定的百分比。

银行贷款利率可以采用固定利率，也可以采用浮动利率。固定利率是指在整个贷款期内利率不变；浮动利率则是基本利率不断随市场利率的变动而变动，贷款利率随基本利率的波动而上下波动。

银行借款除支付利息、手续费外，有时还要支付一些其他费用。比如，采用应收款抵押贷款方式时，银行还要加收管理费，主要是账款的调整费用、账款的抵押和收款时的记录费用以及贷款政策的制订费用等；采用仓单贷款方式时，借款企业需向仓储公司支付仓储保管费；循环借款需支付协议费。

4. 短期借款的优缺点

（1）短期借款的主要优点如下：

一是资金来源充足。银行资金充足，实力雄厚，能随时为企业提供较多的短期贷款，对于季节性和临时性的大量资金需要，采用银行借款尤为方便；对于规模大、信誉好的大企业，更可以随时以基本利率借入大量资金。

二是弹性好。银行借款具有较好的弹性，可在资金需要增加时借入，在资金需要减少时还款，特别是信用额度借款和循环信贷协定为企业的资金借入和归还提供了更大的弹性。

（2）短期借款的主要缺点如下：

一是资金成本较高。采用银行借款，成本比商业信用和商业票据都要高，特别是抵押借款，还需支付管理和服务费用，成本就更高。

二是限制较多。企业向银行借款，银行要对企业的经营成果和财务状况进行调查以后才能决定是否贷款，有些银行还要对企业有一定的控制权，要求企业把流动比率、速动比率维持在一定的范围之内，有时还会要求企业留有最低存款余额，这些都构成了对企业的限制。

（二）商业信用

商业信用是指商品交易和劳务供应过程中由于延期付款或预收货款而形成的一种借贷关系，是一种自然筹资方式。商业信用是由于商品交易中钱与货在时间上和空间上的分离而产生的。赊销、赊购在市场经济发达的国家已普遍采用，成为企业短期资金的重要来源，一些小企业由于银行借款受到的限制较多，因此对商业信用的依赖程度更高。在发展社会主义市场经济的我国，商业信用也正在成为企业筹集短期资金的重要途径。

1. 商业信用的特点

（1）在市场经济条件下，商业信用是在商品买卖及劳务供应过程中经交易双方协商自然形成的，市场经济越发达，商业信用就越普遍。

（2）商业信用筹资非常方便，卖方在确认了买方信用条件或为了促销的情况下，都可以提供商业信用。

（3）商业信用筹资建立在企业财务信誉基础之上，获得商业信用的机会大小取决于两个因素：一是企业财务信誉；二是销售规模。前者决定获得商业信用的可能性；后者决定商业信用的规模大小。

商业信用还具有时间短、放弃现金折扣成本高、过长时间拖欠有损企业信誉等特点。

2. 商业信用的形式

（1）应付账款。应付账款是在商品销售和劳务提供过程中自然发生的商业信用，也是最普遍、最简单的一种商业信用形式。当买卖双方发生商品交易，买方收到货物后，可以在双方允许的情况下，延至一定时期以后付款。买方不签发正式法律契约，卖方以订货单或交易时产生的发票账单作为收款依据，在拖后付款的这段时间里，卖方向买方提供了商业信用。这种商业信用形式由于没有正式的法律凭证，因此常建立在卖方对买方财务状况和信用充分了解的基础上。当卖方商品供过于求，为了更多、更快地推销出去，常采用这种商业信用形式。

（2）预收账款。预收账款就是卖方先收货款，然后按约定到一定时间再交货，实际上是卖方向买方先借一笔款项，然后以商品归还。在销售紧俏的或者生产周期长、销货价格高的商品时，经常采用分次预收货款方式，以缓解资金矛盾。另外，卖方在已知买方信用欠佳的情况下，往往也采用预收货款的方式交易。

3. 商业信用的条件

所谓“信用条件”，是指销货人对付款期限和现金折扣所做的具体规定。信用条件从总体上看，主要有以下三种形式：

（1）预付货款。销货方要求购货方预先垫支一笔资金，一段时间以后再发货。在这种信用条件下，销货方可以得到暂时的资金来源。

（2）延期付款，但不提供现金折扣。销货方允许购货方在交易发生后一定时期内按发票面额支付货款，但提前付款没有现金折扣，如“n/30”，是指全部货款必须在发票开出后30天内付款。在这种商业信用条件下，购货方因延期付款而取得资金来源。

（3）延期付款，但提前付款有现金折扣。销货方允许购货方在交易发生后一定时期内付款，购货方提前付款的，销货方可给予一定的现金折扣。在这种商业信用条件下，购货方如在折扣期内付款，既可获得短期的资金来源，又能得到现金折扣；若放弃现金折扣，则可获得较长时间的资金来源。

4. 商业信用的成本分析

当卖方的信用条件中没有给出现金折扣时，商业信用一般没有成本；当卖方给出了现金折扣，而买方也在折扣期内付款，享受了现金折扣时，商业信用也没有成本；但是，如果卖方给出了现金折扣，而买方没有在规定的折扣期内付款，未能获得现金折扣，则商业信用有成本，这就是买方放弃折扣而产生的商业信用筹资的机会成本。

购货企业一旦放弃了现金折扣，就应尽可能地延期付款，以降低商业信用的成本率。但是，超过信用期限后付款，尽管可以降低商业信用的成本率，却会使购货企业的信誉和形象受到影响，甚至可能导致企业今后丧失取得商业信用的机会，这是得不偿失的。因此，在利用商业信用筹资时，要比较放弃现金折扣的成本率是否高于其他渠道的成本，如果是的话，则不应放弃现金折扣。如果企业资金紧张，又无法从其他渠道及时筹得资本成本率低的资金，那么企业就只好放弃现金折扣了。企业一旦放弃现金折扣，最明智的做法就是在卖方规定的付款期的最后一天付款。

5. 商业信用筹资的优缺点

（1）利用商业信用筹资的优点如下：

一是易于取得。因为商业信用与商品买卖同时进行，属于一种自然性融资，并不需要以资产作抵押，不需要办理任何复杂的手续就能取得。

二是灵活性大。企业可以在现金折扣期内付款，获得现金折扣，也可以放弃现金折扣，在支付期限的最后一天付款。如果在支付期限的最后一天仍不能付款时，还可通过与供货单位协商，在销货方的产品供过于求的时候，请求推迟一段时间再支付也有可能，因为商业信用的筹资风险一般要低于短期银行借款的风险。

三是筹资成本低。如果没有现金折扣，或不放弃现金折扣，则利用商业信用筹资不会发生资本成本。

（2）利用商业信用筹资的缺点如下：

一是利用时间短。商业信用的时间一般较短，如果企业取得现金折扣，时间就更短；如果放弃现金折扣，则要付出非常高的成本；如果到期不支付货款，过长时间地拖欠则会影响企业的信誉，对今后购货和筹资不利。

二是利用数量有限。商业信用是不可能无限次利用的，它受到外部环境的影响，如在求大于供时，卖方就很可能不愿提供商业信用，在与卖方交往不多，或本身信用不是很佳时，也难以取得商业信用。

（三）商业票据

1. 商业票据的概念

商业票据是指企业间根据购销合同进行延期付款的商品交易时，由收款人或付款人（或承兑申请人）签发，由承兑人承兑，并于到期日向收款人或被背书人支付款项的票据。

商业票据是一种具有流通性的债权凭证，它以书面形式载明债务人有按规定期限向债权人无条件支付一定金额的义务，它是对债权人债权的一种保证。

为了取得收款的法律依据，有时卖方会要求买方开出一张正式的票据，承诺在未来一定时期偿还货款，双方以此票据作为债权债务的法律依据。

在我国，商业票据通常是指商业汇票，它是一种反映债权债务关系的期票。它必须以合法的商品交易为基础，我国禁止签发无商品交易的商业汇票。商业汇票一律记名，但可背书转让，承兑期由交易双方商定，一般是3～4个月，最长不超过9个月，如要分期付款，应一次签发多张不同期限的汇票，汇票到期，承兑人负有无条件支付票款的责任。

2. 商业汇票类别

商业汇票一般在下列情况下使用：一是应付款项的展延。购货方因资金配置不合理，应付账款到期不能偿付，或是信誉不佳，销货方为了加强应收款的索取权，会要求购货方出具票据。二是销货方对购货方的信用不了解或购货方信用不佳，不被销货方所信任，如以前购货方曾多次有拖欠款项的现象；三是赊销较高价值的商品时，为减少坏账损失，也经常采用商业汇票结算方式。

商业汇票根据承兑人不同，可分为商业承兑汇票和银行承兑汇票两种。

（1）商业承兑汇票。商业承兑汇票是由收款人签发，经付款人承兑，或由付款人签发并承兑的汇票。付款人须在汇票正面签署“承兑”字样并加盖预留银行印章后，交给收款人。收款人或执票人将要到期的商业汇票送交银行办理收款，付款人应于汇票到期前将票款足额交存开户银行，以便银行在到期日凭票将款项划给收款人或执票人或贴现银行。若汇票到期时付款人存款账户不足以支付票款，银行则将汇票退给执票人，并对付款人处以罚款。因此，收款人要承担付款人到期不能支付款项的风险。

（2）银行承兑汇票。银行承兑汇票是由收款人或承兑申请人签发，并由承兑申请人向开户银行申请，经银行审查同意承兑的票据。申请人持银行承兑汇票、购销合同和银行承兑契约向开户银行申请承兑，银行审查并同意承兑后，与承兑申请人签订承兑契约，并在汇票上盖章后由承兑申请人转给收款人，并收取承兑手续费。承兑申请人应于汇票到期前将票款足额交存其开户银行，如未足额交存票款，承兑银行除凭票向收款人（或贴现银行）无条件支付外，要按契约规定对承兑申请人扣款，未扣回的承兑金额要收取逾期贷款罚息。收款人应在汇票到期时，将汇票送交开户银行办理收款。由于有银行参与，因此银行承兑汇票的信誉程度比商业承兑汇票高。

采用商业汇票结算方式时，收款人若急需资金，可持未到期承兑汇票向开户银行申请贴现。票据贴现是指持票人以未到期票据向银行兑取现款，银行从票面金额中扣除自兑现日起至到期日止的利息，将余额支付给持票人的资金融通行为。票据贴现实际上是持票人把未到期的商业汇票让给银行，贴付一定利息以取得银行借款的行为，是把商业信用转变为银行信用。银行在贴现票据时，按票面金额扣除贴现利息后的差额支付贴现票款，贴现利息按票面金额、贴现日数和贴现率计算，银行收到的贴现票据到期后，按票面金额向承兑人收取票款。可见，票据贴现实质上是银行以票据为抵押的一种贷款方式。

第三节　企业利润的规划与构成

一、企业利润的规划

为了保证利润目标的实现，须对目标利润进行合理的规划和控制，确定影响利润的基本因素，寻找增加利润的各种途径，不断提高企业利润水平。

（一）本量利分析

本量利分析就是分析成本、业务量和利润三者之间的关系。本量利分析是建立在成本按习性分类的基础上的，为此，先分析成本习性。

1. 成本习性

所谓“成本习性”，是指成本总额与业务量之间的依存关系。在这里“业务量”是指企业的生产经营活动水平的标志量，可以是产出量也可以是投入量；可以使用实物度量、时间度量，也可以使用货币度量。例如，产品产量、人工工时、销售额、主要材料处理量、生产能力利用率、生产工人工资、机器运转时数、运输吨公里等，都可以作为业务量大小的标志。当业务量变化以后，各项成本有不同的形态，大体上可以分为三种：固定成本、变动成本和混合成本。①

（1）固定成本。凡总额在一定时期和一定业务量范围内不受业务量增减变动影响而固定不变的成本，叫“固定成本”。属于固定成本的主要有折旧费、租金、保险费、管理人员工资、办公费等，这些费用每年的支出水平基本相同，在业务量变动的一定范围内是固定的。由于固定成本总额不随业务量变动，因而当业务量增加时，单位产品固定成本会下降。

固定成本还可以进一步区分为约束性固定成本和酌量性固定成本两类。

约束性固定成本是企业为维持一定的业务量所必须负担的最低成本。厂房设备的折旧、租金、保险费等都属于这类成本。企业的经营能力一经形成，在短期内很难有重大改变，因而这部分成本具有很大的约束性，管理当局的决策行动不能轻易改变其数额。要想降低约束性固定成本，只能从合理利用经营能力入手。

酌量性固定成本是由管理当局根据企业经营方针确定的一定时期的成本。广告费、研究与开发费、职工培训费等都属于这类成本。这些成本的支出是可以随企业经营方针的变化而变化的。管理当局要根据企业的经营方针和财务状况，斟酌这部分成本的开支情况。因此，要想降低酌量性固定成本，须在预算时精打细算，合理确定这部分成本的数额，一味降低酌量性固定成本有可能影响收益。

应当指出的是，固定成本总额只是在一定时期和一定业务量范围内保持不变。从较长时间来看，所有的成本都在变化，没有绝对不变的固定成本。业务量超出了一定范围，固定成本也会发生变动。如产量增加到一定量后，原有的

---

① 常燕 . 企业全面预算管理的特征和管理模式分析 [J]. 中国商贸，2018，（23）：93–95.

设备就不能满足需要，这时就要增加新的设备，折旧费因此就会增加。

（2）变动成本。凡总额同业务量的总量成同比例增减变动的成本，叫“变动成本”。属于变动成本的主要有直接材料、直接人工、生产用水电费等，这些费用的支出水平随着业务量的增减而成比例同步增减。变动成本总额随业务量增加而增加，但单位产品变动成本不变。

应当指出的是，变动成本总额也只是在一定的业务量范围内与业务量完全成同比例变化，业务量超出了一定范围时，这种线性关系就不存在了。例如，一种新产品刚投入生产时，由于批量小，工人不熟练，直接材料和直接人工耗费都可能较多；随着产量的增加以及工人熟练程度的提高，直接材料和直接人工耗费都可能下降，这时变动成本总额不一定与产量完全成同比例变动，而是表现为小于产量增减幅度；在这以后，生产过程比较稳定，变动成本与产量成同比例变动；但当产量超过一定程度后，再大幅度增产可能会出现一些新的不利因素，使成本的增长幅度大于产量的增长幅度。

（3）混合成本。有些成本虽然也随业务量的变动而变动，但不成同比例变动，不能简单地归入固定成本或变动成本，这类成本称为“混合成本”。混合成本可以分解成固定成本和变动成本两部分。例如，一些企业生产工人的工资，分为基本工资和效益工资两部分，就是一种混合成本，基本工资相当于固定成本部分，效益工资相当于变动成本部分。

2. 本量利关系

根据成本习性，可以将成本分成固定成本、变动成本和混合成本，而混合成本又可以分解成固定成本和变动成本。当把销售收入和利润加进来时，成本、业务量和利润之间的关系就可以用下面的公式表示：

利润=销售收入−总成本

（二）盈亏平衡分析

盈亏平衡分析是本量利分析的一项基本内容，亦称“保本分析”。它主要是分析盈亏平衡点以及企业在某种业务量情况下的安全程度。

1. 盈亏平衡点的确定

盈亏平衡点就是企业销售收入与总成本相等时的经营状态，即边际贡献等于固定成本时企业所处的既不盈利又不亏损的状态。通常用一定的业务量来表示这种状态。根据前面本量利的关系，令利润等于零，就可以得到盈亏平衡点的销售量。

对于生产单一产品的企业，盈亏平衡点可用销售量表示，也可用销售额表示；而对于生产多种产品的企业以及商业和服务业来说，盈亏平衡点只能用销售额或营业额表示。

边际贡献率反映边际贡献在销售收入中所占的百分比，即：

边际贡献率=边际贡献/销售收入

对于生产多种产品的企业，应该用加权平均边际贡献率计算。

2. 安全边际分析

安全边际是指正常销售量（额）超过盈亏平衡点销售量（额）的差额，它表明销售量（额）下降多少企业仍不致亏损。安全边际的计算公式如下：

安全边际=正常销售量（额）−盈亏平衡点销售量（额）

由于安全边际是绝对数，不好比较，因此，企业生产经营的安全性通常用安全边际率来表示，即安全边际与正常销售量（额）的比值。

安全边际率的数值越大，企业发生亏损的可能性越小，抵抗风险的能力越强，企业就越安全。安全边际率是相对指标，便于不同企业和不同行业的比较。

（三）影响利润各因素变动分析

变动分析是指本量利发生变动时相互影响的定量分析，它是本量利分析中最常用的一项内容。变动分析主要研究两个问题：一是分析实现目标利润所需的产销量、成本和价格条件；另一个是产销量、成本和价格发生变动时，预测其对利润的影响程度。

1. 实现目标利润的条件

根据本量利之间的数量关系可以看出，影响利润的因素有单价、单位变动成本、销售量、固定成本。当企业确定了目标利润，根据本量利之间的关系，企业可以通过提高产品销售价格、降低成本、合理安排产销量来实现目标利润。

在现实经济生活中，影响利润的一个因素发生变动，往往使其他因素也会发生相应的变动。如为了提高产量，往往需要增加生产设备，相应增加折旧费等固定成本，与此同时，为了把产品顺利销售出去，有时又需要降低售价或增加广告费等固定成本。因此，企业很少采取单项措施来提高利润，而是采取综合措施实现目标利润，这就需要综合计算和反复试算平衡。

2. 敏感性分析

影响利润的某一个因素变动都会引起利润的变动，但各因素对利润的影响程度是不同的。有些因素发生小的变动就会使利润发生大的变动，而有些因素发生大的变动后，相应的利润变动不大。通常可以运用敏感性分析来反映各有关因素变动对利润的影响程度。

敏感性分析就是考察影响利润的各有关因素单独发生变动时对利润造成的影响程度。进行敏感性分析时，是假定其他因素保持不变，仅就单个因素的变动对利润的影响所做的分析。反映敏感程度的指标是敏感系数，

敏感性分析提供了各因素变动对利润的影响大小和方向，使经营者认识到各因素的重要意义，知道未来重点应控制的因素是什么，并努力去发现额外的有用信息，及时采取对策，调整企业计划，促使生产经营活动朝着有利于增加利润的方向变化。

二、企业利润的构成

企业利润根据其包含内容的不同，可表示为营业利润、利润总额和净利润等不同形式。

（一）营业利润

营业利润是指企业在从事销售商品、提供劳务和让渡资产使用权等日常经营业务过程中取得的利润。其计算公式为：

营业利润=营业收入−营业成本−营业税金及附加−销售费用−管理费用−财务费用−资产减值损失+公允价值变动收益+投资收益

1. 营业收入

营业收入是指企业在从事销售商品、提供劳务和让渡资产使用权等日常经营业务过程中取得的收入，分为主营业务收入和其他业务收入。主营业务收入是指企业为完成其经营目标从事的经常性活动实现的收入，是企业按照营业执

照上规定的主营业务内容所发生的营业收入。如工业企业制造并销售产品、商业企业销售商品、保险公司签发保单、咨询公司提供咨询服务、软件开发企业为客户开发软件、安装公司提供安装服务、商业银行对外贷款、租赁公司出租资产等实现的收入。其他业务收入是指与企业为完成其经营目标从事的经常性活动相关的活动实现的收入，如工业企业对外销售不需用的原材料、对外转让无形资产使用权等实现的收入。在缴纳增值税的企业中，营业收入是指其不含税的收入。

2. 营业成本

营业成本是指企业在从事销售商品、提供劳务和让渡资产使用权等日常经营业务过程中发生的成本。按照制造成本法，企业的产品成本核算到制造成本为止。如工业产品生产成本包括直接材料、直接人工和制造费用，而商品流通企业的商品成本就是购进商品的采购成本。在缴纳增值税的企业中，营业成本是指其不含税的成本。

3. 营业税金及附加

营业税金及附加是指由营业收入补偿的各种税金及附加费，主要包括营业税、消费税、资源税、城市维护建设税和教育费附加等。

4. 销售费用

销售费用是指企业在销售商品和材料、提供劳务的过程中发生的各种费用，包括企业在销售商品过程中发生的保险费、包装费、展览费、广告费、商品维修费、预计产品质量保证损失、运输费、装卸费等以及为销售本企业商品而专设的销售机构（含销售网点、售后服务网点等）的职工薪酬、业务费、折旧费、固定资产修理费等。

5. 管理费用

管理费用是指企业为组织和管理企业生产经营所发生的各种费用，包括企业在筹建期间内发生的开办费、董事会和行政管理部门在企业的经营管理中发生的或者应由企业统一负担的公司经费（包括行政管理部门职工薪酬、物料消耗、低值易耗品摊销、办公费和差旅费等）、工会经费、董事会费（包括董事会成员津贴、会议费和差旅费等）、聘请中介机构费、咨询费（含顾问费）、诉讼费、业务招待费、房产税、车船使用税、土地使用税、印花税、技术转让费、矿产资源补偿费、研究费用、排污费以及企业生产车间（部门）和行政管理部门等发生的固定资产修理费等。

6. 财务费用

财务费用是指企业为筹集生产经营所需资金等而发生的筹资费用，包括利息支出（减利息收入）、汇兑损失（减汇兑收益）以及相关的手续费、企业发生的现金折扣或收到的现金折扣等。为购建固定资产的专门借款所发生的借款费用及在固定资产达到预定可使用状态前按规定应予资本化的部分，应计入有关固定资产的构建成本，不包括在财务费用范围内。

以上销售费用、管理费用、财务费用统称为“期间费用”。按照制造成本法，期间费用直接计入当期损益，无须将其分摊到产品的生产成本。这样，成本核算工作将大大简化，同时成本控制、成本分析也将更有针对性。

7. 资产减值损失

资产减值损失是指当企业资产的可收回金额低于其账面价值时企业计提各项资产减值准备所形成的损失。资产可收回金额的估计，应当根据其公允价值减去处置费用后的净额与资产预计未来现金流量的现值两者之间较高者确定。计提资产减值准备的资产主要有应收账款、存货、长期股权投资、固定资产、在建工程、无形资产等。

8. 公允价值变动收益

公允价值变动收益主要是指交易性金融资产以及其他以公允价值计量的资产和负债由于公允价值变动形成的收益（负数代表损失）。如果企业取得该金融资产主要是为了近期出售或回购，如企业以赚取差价为目的从二级市场购入的股票、债券、基金等，应当划分为交易性金融资产；或者属于衍生工具，如国债期货、远期合同、股指期货等，其公允价值变动大于零时，应将其相关变动金额确认为交易性金融资产。其他以公允价值计量的资产包括存在活跃的交易市场、能够取得市场价格的投资性房地产。

9.投资收益

投资收益是指企业从事各项对外投资活动取得的收益扣除其发生的损失

以后的净收益，包括长期股权投资中按照应享有或应分担被投资单位实现净利润或发生净亏损的份额或者被投资单位宣告分配的现金股利或利润中，投资企业应享有的部分；采用公允价值模式计量的投资性房地产的租金收入和处置损益；企业处置交易性金融资产、交易性金融负债、可供出售金融资产实现的损益；企业的持有至到期投资和买入返售金融资产在持有期间取得的投资收益和处置损益；证券公司自营证券所取得的买卖价差收入等。

（二）利润总额

利润总额是指企业一定期间所实现的全部利润，也称“税前利润”。它由营业利润、营业外收支构成，其计算公式为：

利润总额=营业利润+营业外收入–营业外支出

1. 营业外收入

营业外收入是指企业发生的与日常活动无直接关系的各项利得。营业外收入并不是由企业经营资金耗费所产生的，不需要企业付出代价，实际上是一种纯收入，不可能也不需要与有关费用进行配比。营业外收入主要包括：固定资产处置利得、无形资产出售利得、非货币性资产交换利得、债务重组利得、政府补助、盘盈利得、捐赠利得等。

2. 营业外支出

营业外支出是指企业发生的与日常活动无直接关系的各项损失，主要包括固定资产处置损失、无形资产出售损失、非货币性资产交换损失、债务重组损失、公益性捐赠支出、非常损失、盘亏损失等。

（三）净利润

净利润是指利润总额减去所得税费用后的剩余部分，也是属于企业所有者的那部分收益，又称“税后利润”，其计算公式如下：

净利润=利润总额–所得税费用

所得税费用是指企业确认的应从当期利润总额中扣除的所得税费用，其计算公式如下：

所得税费用=应纳税所得额×所得税率

上式中，应纳税所得额是指企业每一纳税年度的收入总额，减除不征税收入、免税收入、各项扣除以及允许弥补的以前年度亏损后的余额。依照2008年1月1日起施行的《中华人民共和国企业所得税法》以及《中华人民共和国企业所得税法实施条例》，企业以货币形式和非货币形式从各种来源取得的收入为收入总额，包括销售货物收入，提供劳务收入，转让财产收入，股息、红利等权益性投资收益，利息收入，租金收入，特许权使用费收入，接受捐赠收入等。减除的项目包括以下四种：

（1）不征税收入。包括财政拨款，依法收取并纳入财政管理的行政事业性收费、政府性基金等。

（2）免税收入。包括国债利息收入，符合条件的居民企业之间的股息、红利等权益性投资收益，以及符合条件的非营利组织的收入等。

（3）各项扣除。是指企业实际发生的与取得收入有关的、合理的支出，包括成本、费用、税金、损失和其他支出，准予在计算应纳税所得额时扣除。

（4）允许弥补的以前年度亏损。企业纳税年度发生的亏损，准予向以后年度结转，用以后年度的所得弥补，但结转年限最长不得超过五年。

我国所得税法规定，在计算应纳税所得额时，下列支出不得扣除：向投资者支付的股息、红利等权益性投资收益款项；企业所得税税款；税收滞纳金；罚金、罚款和被没收财物的损失；赞助支出；未经核定的准备金支出；与取得收入无关的其他支出。另外，所得税法对一些支出规定有合理的标准，超标准的支出在计算应纳税所得额时不予扣除。如企业发生的公益性捐赠支出，在年度利润总额12%以内的部分，准予在计算应纳税所得额时扣除；非金融企业向非金融企业借款的利息支出，不超过按照金融企业同期同类贷款利率计算的数额的部分准予扣除；企业发生的合理的工资薪金支出准予扣除；企业发生的职工福利费支出，不超过工资薪金总额14%的部分准予扣除；企业拨缴的工会经费，不超过工资薪金总额2%的部分准予扣除；企业发生的职工教育经费支出，不超过工资薪金总额2.5%的部分准予扣除，超过部分，准予在以后纳税年度结转扣除；企业发生的与生产经营活动有关的业务招待费支出，按照发生额的60%扣除，但最高不得超过当年销售（营业）收入的5‰；企业发生的符合条件的广告费和业务宣传费支出，不超过当年销售（营业）收入15%的部分准予扣除，超过部分，准予在以后纳税年度结转扣除。

由于所得税法对捐赠、利息、工资、职工福利费、工会经费、职工教育经费、业务招待费、广告费和业务宣传费等都规定了扣除标准，以及一些列入营业外支出的税收滞纳金，罚金、罚款和被没收财物的损失及赞助支出等在计算应纳税所得额时不得扣除等原因使企业会计核算的利润总额与应纳税所得额不一致。还有由于收入和支出计入应纳税所得额与利润总额的时间不一致所引起的差额，如税法与会计核算确定的固定资产折旧年限不同就可能导致折旧费计入利润总额的时间先于或后于计入应纳税所得额的时间，也会引起当期利润总额与应纳税所得额的不一致。

第四节　企业利润的分配管理

一、企业税后利润的分配顺序

利润分配既关系到企业与企业所有者之间的利益关系，也关系到企业的筹资、投资以及今后的发展，它是财务管理的一项重要内容。

个人独资企业和合伙企业的生产经营所得和其他所得，按照国家有关税法规定，由投资人或合伙人分别缴纳所得税。公司的税后利润，根据我国《公司法》的规定，按照下列顺序分配：

（1）弥补公司以前年度亏损。公司的法定公积金不足以弥补以前年度亏损的，在依照规定提取法定公积金之前，应当先用当年利润弥补亏损。公司发生的年度亏损可以用下一年度的税前利润等弥补。下一年度利润不足弥补的，可以在五年内延续弥补。五年内不足弥补的，用税后利润等弥补。这里弥补的亏损，包括以前年度所有的亏损，税前弥补和税后弥补主要反映在当年缴纳的所得税的不同上。

（2）提取法定公积金。法定公积金按照当年税后利润扣除弥补公司以前年度亏损后的10%提取。法定公积金累计额为公司注册资本的50%以上的，可以不再提取。公司的公积金用于弥补公司的亏损、扩大公司生产经营或者转为增加公司资本。但法定公积金转为资本时，所留存的该项公积金不得少于转增前公司注册资本的25%。

（3）提取任意公积金。公司从税后利润中提取法定公积金后，经股东会或者股东大会决议，还可以从税后利润中提取任意公积金。任意公积金是公司自行决定提取的，并非法律强制规定要求的，对其提取比例、用途等《公司法》均未做出规定，而是交由章程或者股东会决议做出明确规定。

（4）支付股利。公司弥补亏损和提取公积金后所余税后利润，有限责任公司，除了全体股东另有约定外，按照股东实际缴纳的出资比例分取红利；股份有限公司，除了公司章程另有规定外，按照股东持有的股份比例分配。

二、股利支付方式及程序分析

所谓股利，是指公司依照法律或章程的规定，按期以一定的数额和方式分配给股东的利润。在股利分配的规定上，一般贯彻“无盈不分”的原则，即公司当年无盈利时，原则上不得分配股利。

（一）股利支付方式

股利支付通常有以下四种方式：

1. 现金股利

现金股利是以现金支付的股利，它是股利支付的主要方式。我国上市公司股利分配方案中的“派”，就是指现金股利或称“派股息”，如“10派3”，就是指每10股派3元的现金股利。公司支付现金股利除了要有累积盈余外，还要有足够的现金。这种股利支付方式会减少公司股东权益的账面价值。

2. 股票股利

股票股利是公司以增发的股票作为股利的支付方式。我国上市公司股利分配方案中的“送”，就是指股票股利或称“送红股”，如“10送5”，就是指每10股送5股的股票股利。公司支付股票股利并不直接增加股东的财富，不导致公司资产的流出或负债的增加，因而不是公司资金的使用，同时也不因此而增加公司的财产，它相当于原有股东将分配的利润用于公司的再投资。因此这种股利支付方式不会减少公司股东权益的账面价值，但会导致股东权益各项目的结构发生变化。西方国家通行的做法是以市价计算股票股利价格，即发放股票股利后股本和资本公积增加，未分配利润减少；而我国是按股票面值计算股票股利价格，即发放股票股利后股本增加，未分配利润减少。

3. 财产股利

财产股利是以现金以外的资产支付的股利，主要是以公司的产品或公司所拥有的其他企业的有价证券，如债券、股票，作为股利支付给股东。

4. 负债股利

负债股利是公司以负债支付的股利，通常以公司的应付票据支付给股东，在不得已的情况下也有发行公司债券抵付股利的。

财产股利和负债股利实际上是现金股利的替代。我国《公司法》没有明确规定公司股利的支付方式。从目前来看，我国股份公司的股利支付方式主要是现金股利、股票股利或是两者的结合，很少使用财产股利和负债股利。

（二）股利支付程序

股份有限公司向股东支付股利，要经历一定的程序。这一程序包括以下四个重要日期：

1. 股利宣告日

股利宣告日就是公司董事会将股利分配方案予以公告的日期。公司的股利分配一般由董事会提出预案，经股东大会讨论通过后，登报正式对外公告。公告中将宣布每股支付的股利、股权登记日、除息除权日和股利支付日。

2. 股权登记日

股权登记日就是有权领取本次股利的股东资格登记截止日期。只有在股权登记日或之前在公司股东名册上登记的股东，才有权分享本次股利。在此日之后才取得股票的股东则无权分享本次股利。

3. 除息除权日

除息除权日就是除去股利的日期。在除息除权日当天或以后购买股票者将无权分配最近一次股利。如果一个新的股东想取得最近一次股利，必须在除息除权日之前购买股票，否则无权分配股利。在我国，通常将除去现金股利的日期称为“除息日”，除去股票股利的日期称为“除权日”，同时除去现金股利和股票股利的日期称为“除息除权日”。由于上海、深圳证券交易所当天成交的股票当天就能完成过户手续，因而规定除息除权日在股权登记日的后一个交易日。

4. 股利支付日

股利支付日就是将股利正式发放给股东的日期。公司从这一天开始的几天内，便签发每一股东应得股利数额的支票寄给股东。在我国，上市公司支付给股东的股利在支付日这天自动划转到股东账户。

三、股利政策

股利政策是指公司在支付股利方面所采取的方针政策。股利政策主要涉及公司对其收益进行分配或留存以用于再投资的决策问题。较高的股利意味着只能留存较少的资金用于再投资，这必然会限制企业未来的增长速度，从而影响股票价格。因此公司在制订股利政策时，应当兼顾公司未来发展对资金的需要和股东对本期收益的要求，以实现股东财富最大化的财务目标。

（一）股利理论

在股利分配对公司价值的影响这一问题上，存在三种不同的观点。

1. 股利无关论

美国著名财务专家默顿•米勒（Merton Miller）和弗兰克•莫迪格利尼（Franco Modigliani）（以下简称MM）在1961年10月发表的《股利政策、增长和股票价值》的著名论文中曾断言：“股利政策对公司的股票价格没有影响。”他们认为，股利政策与公司价值无关，公司价值只由公司本身的获利能力和风险组合决定，因而它取决于公司的资产投资政策，而不是收益的分配与留存的比例情况。在一系列特定的假设条件下，假如某一公司发给股东较高的股利，那么它就必须发行更多的股票，其数额正好等于公司支付的股利。

MM是在以下五个假设条件下提出上述理论观点的：

（1）不存在任何个人或公司所得税；

（2）不存在任何股票发行或交易费用；

（3）投资者对1元股利和1元资本利得没有偏好；

（4）公司的资本投资政策独立于其股利政策；

（5）关于未来的投资机会，投资者和管理者可获得相同的信息。

MM假定显然是不够严谨的。因为公司的投资者实际上都必须缴纳所得税，公司必须承担发行费用，投资者必须承担交易费用，而且管理者得到的信息总要强于外部投资者，因此MM的股利无关论在现实中可能不是有效的。

2. "在手之鸟"论

MM股利无关论的一个非常关键的假设是：投资者对股利和资本利得没有偏好。这一观点在学术界引起了激烈的争论。迈伦•戈登（Myron Gordon）和约翰•林特勒（John Limner）认为，股利收入要比留存收益带来的资本利得更为可靠。因为资本利得的不确定性高于股利收入的不确定性，按固定成长股票模式，在股东要求的收益率$K_s=D_1/P_0+g$中，股利收益率D_1/P_0的风险低于g的风险，故随着股利支出的减少，股东要求的收益率K_s会增加，这样投资者会认为1美元股利收入的价值实际上超过了1美元资本利得的价值，因此投资者偏好股利收入而非资本利得。

3. 税差理论

在1986年前，美国的长期资本利得只有40%按普通所得税率计征所得税，因此一个处于48%边际税率等级的投资者，其股利收入的税率为48%，其长期资本利得的税率则为48% ×40% =19.2%。尽管现行税法规定资本利得与股利收入的税率相同，但由于股利所得税在股利发放时征收，而资本利得税在股票出售时征收，对于股东来说，资本利得具有推迟纳税的效果。因此，尽管两种股票的税前期望收益率相同，但税后期望收益率却不同，资本利得率高、股利收入率低的股票，其税后期望收益率会大于资本利得率低、股利收入率高的股票。

考虑到纳税的影响，投资者对具有较高股利收入的股票要求的税前收益率要高于较低股利收入的股票。因此税差理论认为，股利收入比资本利得的税率高，或者即使相等，但由于资本利得具有递延纳税的作用，因此只有采取低股利支付率的政策才有可能使公司价值最大化。

（二）实际实施的股利政策

不同的股利理论得出的结论是互相冲突的，在股利分配的实务中，公司经常采用的股利政策如下：

1. 剩余股利政策

这一股利政策主张公司税后利润在满足投资需求后的剩余部分才作为股利发放。股利政策受投资机会及所需资金的可得性两者共同影响，这就导致了剩余股利支付理论的发展。该理论阐述了公司在决定其股利发放率时，必须遵循以下四个步骤：

（1）确定最优资本预算；

（2）确定为此预算的需要所应筹集的权益数额；

（3）最大可能地利用留存收益来满足这一权益数额的需要；

（4）只有在其收益满足最优资本预算需要还有剩余的情况下才发放股利。

大多数公司都有一个目标资本结构。由于留存收益的资本成本小于发行股票的资本成本，因此当公司有好的投资机会时，为了保持目标资本结构，从而使加权平均资本成本最低，公司应尽可能利用留存收益。只有在留存收益不能满足投资需要时，才向外发行新股。

2. 稳定增长股利政策

这一股利政策是将每年发放的股利固定下来，并在较长的时期内保持不变，只有当公司确信未来收益将足以维持新股利的时候才宣布增加股利。但在通货膨胀的情况下，大多数公司的收益会随之提高，且大多数股东也希望公司能提供足以抵消通货膨胀不利影响的股利。因此在长期通货膨胀的年代里，大多数奉行固定股利政策的公司转而实行稳定增长的股利政策，即公司制订一个目标股利年增长率，每年股利都在上一年股利的基础上增长，例如5%。显然，只有在收益稳定增长的情况下，采用稳定增长的股利政策才是可行的。

实行固定或稳定增长股利政策的原因主要在于避免股利减少对公司价值产生不利影响。如果前述的信息内涵假设成立的话，那么稳定的股利将向投资者传递公司正常发展的信息，这样有利于增强投资者的投资信心，从而稳定公司的价值。另外，那些需要股利作本期消费的股东也希望能获得稳定的股利，以便投资者合理安排收入与支出。股利的波动有可能损害投资者的信心，从而导致股价的大幅波动。

实施固定或稳定增长股利政策的公司，其股利支付与盈利脱节，在盈利较少时会出现财务状况紧张，甚至发生财务危机，当未来股利无法支付时会导致公司价值暴跌。另外，股利支付可能会影响投资计划的实施，或者使资本结构偏离目标值，从而加大资本成本。

3. 固定股利支付率政策

这一股利政策是公司确定一个股利占净利润的比例，并长期按此比率支付股利。在这一股利政策下，股利支付额随公司经营好坏而上下波动，甚至波动很大，极易造成公司不稳定的形象。由于前面讨论过的一些原因，这种政策不可能使公司价值最大化，有人称这是一种令公司倒闭的政策。尽管如此，仍有一些公司是按这一政策发放股利的，因为这种股利政策能使股利与公司净利润紧密地配合，体现多盈多分、少盈少分、无盈不分的原则。并且，在公司盈利较差时，也减轻了公司支付股利的压力。

4. 低正常股利加额外股利政策

正常股利有时又称为“股息”，一般是固定的，且数额较低。这一股利政策是指公司每年都按期支付固定的正常股利，然后再根据公司经营情况决定在年末是否追加一笔额外分红。这一政策既赋予公司一定的灵活性，使公司盈利较少或投资需用较多资金时，仍可使投资者的最低股利收入得到保证；又可在公司盈利较多时，使股东分得较多股利。如果一个公司的收益及现金流量变动相当大，那么这种政策也许是最佳选择。根据这一政策原理，公司可以制订一个比较低的固定股利——低得足以使公司在最低盈利年份或需留存较多收益的年份也能够负担；而在资金丰裕的情况下，则可支付一些额外分红。

（三）影响股利政策的因素

前面论述了有关股利政策影响公司价值的三种理论及实际实施的四种股利政策，公司可以根据自己对这些理论的看法及影响股利政策的因素选择某一股利政策。影响股利政策的因素如下：

1. 法律因素

为了维护与公司股利分配有关的各方经济利益，各国的法律对公司的股利分配顺序、分配比例、资本保全、留存收益限额等方面都有所规范，公司必须在法律许可范围内进行股利分配。这些法律上的约束通常有以下四点：

（1）资本保全。各国法律都要求公司在支付股利时要保全资本，即规定公司不能用资本（包括股本和资本公积）发放股利。我国《公司法》规定，股东会、股东大会或者董事会违反规定，在公司弥补亏损和提取法定公积金之前向股东分配利润的，股东必须将违反规定分配的利润退还公司。这一规定从利润分配的程序上保证了资本的完整性。

（2）公司积累。一些国家法律规定公司必须按净利润的一定比例提取公积金。我国《公司法》规定：“公司分配当年税后利润时，应当提取利润的百分之十列入公司法定公积金。公司法定公积金累计额为公司注册资本的百分之五十以上的，可以不再提取。”这一规定限制了向投资者进行利润分配的部分。

（3）净利润。各国法律都规定，公司的利润必须在弥补全部亏损之后才可发放股利。我国《公司法》也有此规定。这种规定往往是为了鼓励公司积累资本。

（4）超额累积利润。由于一般对资本利得征税较低，有些公司通过积累利润，使股价上涨，从而帮助股东避税，因而有些国家又规定公司不得超额累积利润，对不合理的留存收益征收惩罚性税收。但是我国法律对公司累积利润只是规定“公司法定公积金累计额为公司注册资本的百分之五十以上的，可以不再提取”，并未对超额留存收益做出限制和征税。

2. 债务合同因素

公司对外借债时，要签订债务合同，尤其是长期债务。债权人为防止股东、公司管理当局滥用权力，保护自身的利益，往往在合同中加入一些限制性条款，如限制最高股利数额，限制流动比率、速动比率、利息保障倍数等财务指标的最低数额，限制营运资本的最低数额等。这些限制都可能使公司的股利政策受到影响。

3. 股东因素

公司在制订股利政策时不能不考虑股东的要求，股东从自身需要出发，对公司的股利分配会产生以下一些影响：

（1）稳定的收入和避税。一些依靠股利维持生活的股东，往往要求公司支付稳定的股利，若公司留存较多的利润，将受到这部分股东的反对。另一方面，一些高股利收入的股东又出于避税的考虑，往往反对公司发放较多的股利。

（2）控制权的稀释。公司发放较多的股利就会导致留存收益减少，如果公司有好的投资机会，势必要增发新股，从而导致原有股东控制权的稀释。因此，股东为了维持他们在公司的控制权，宁愿不分配股利。

4. 公司因素

公司内部的因素主要有以下六点：

（1）盈利的稳定性。盈利是公司支付股利的前提。盈利稳定的公司在选择股利政策时比较灵活，而盈利不稳定的公司一般只能采取低股利政策，以减少股价大幅波动的风险。

（2）资产的流动性。资产的流动性也就是指资产的变现能力。较多地支付现金股利，会减少公司的现金持有量，使资产的流动性降低，从而偿债能力降低。因此，资产流动性强、现金充足的公司，现金股利支付可多些；反之，现金股利支付会因公司必须保持一定的资产流动性而受到限制。

（3）举债能力。支付现金股利后，公司的举债能力会下降，严重的可能会导致破产。因此，举债能力弱的公司应少支付股利。

（4）投资机会。有着良好投资机会的公司，往往将利润的大部分用于投资，从而减少了股利的支付额。高速成长中的公司多采用低股利政策，而发展减慢、缺乏良好投资机会的公司则采取高股利政策。

（5）资本成本。留存收益的资本成本比发行股票低，且不会增加公司财务危机成本。因此，为了使公司资本成本最低、价值最大，当公司需要扩大资金规模时，应当采取低股利政策。

（6）偿债需要。公司如果有债务到期，既可通过借新债、发行新股筹集资金还债，也可直接用留存收益还债。当外部筹资有困难或资本成本较高时，就只能依靠留存收益，这时股利支付将会减少。

（四）股票分割与股票回购

股票分割与股票回购虽然不属于某种股利方式，但其所产生的效果与发放股票股利或现金股利类似。

1. 股票分割

股票分割是指将面值较高的股票分割成面值较低股票的转变过程。股票分割后，发行在外的股数增加，使得每股面值降低，每股收益下降，但股东权益总额及其各项目的金额不会改变。这与发放股票股利的情况既有相同之处，又有不同之处。相同之处在于它们都使发行在外的股数增加，每股收益下降，但股东权益不变。不同之处在于股票分割降低了每股面值，而股票股利不改变每股面值；股票分割不会改变股东权益各项目的金额，而股票股利会导致股东权益各项目金额的改变。

从实践效果看，由于股票分割与股票股利非常接近，所以一般要根据证券管理部门的具体规定对二者加以区分。例如，美国纽约证券交易所规定，发放25%以上的股票股利即属于股票分割。

对于公司来讲，实行股票分割的主要目的在于通过增加股票数量来降低每股市价，从而吸引更多的投资者。此外，股票分割往往是成长中公司的行为，所以股票分割传递的是有利信息，通常只有前景良好的公司才进行股票分割，此时投资者往往相信该公司每股收益会继续大幅增加。

对于股东来讲，股票分割后各股东持有的股数增加，但持股比例不变，持有股票的总价值不变。由于股票分割降低了每股市价，因而有利于股票的流通和增加投资者购买的兴趣。另外，股票分割传递了一种有利信息，这些都有利于股价的上升，从而增加股东财富。

尽管股票分割与发放股票股利都能达到降低公司股价的目的，但一般来讲，只有在公司股价急剧上升时才采用股票分割的办法降低股价；如果公司股价上涨幅度不大，则往往通过发放股票股利来维持股价。

相反，若公司认为自己股票价格过低，为了提高股价，使之保持在合理价位，则会采取反分割（也称“股票合并”）的措施。反分割就是将几股面值较低的股票合并为一股面值较高的股票。

2. 股票回购

股票回购是指公司出资购回其发行在外股票的行为。公司购回的股票被作为库藏股，公司发行在外的股数将因此减少。如果回购不会对公司收益产生不良影响，那么发行在外股票的每股收益将有所增加，从而导致股价上涨，股东获得资本利得。因此，股票回购可以看作现金股利的一种替代方式。

股票回购被认为是公司帮助股东逃税的一种手段。如果被认定股票回购的目的是逃税，该公司就可能受到重罚。还有，股票回购有时被怀疑是在操纵股价，因而有可能会受到证券交易委员会的调查或处罚。因此，公司实施股票回购计划必须慎重，且在股票回购之前要宣布回购计划，阐明回购股票的原因。

第四章

企业并购与重组的财务管理

企业的并购目前已成为我国深化企业改革、调整经济机构和盘活资产存量的主要路径。企业重组则是对公司资源进行重新组合与优化的活动。这两者对于企业的发展来说至关重要。本章主要围绕企业并购概述、企业并购理论与动因、企业并购的财务、企业重组与清算四部分内容进行分析。

第一节　企业并购概述

一、企业并购相关概念界定

企业并购（Merger and Acquisition，缩写为M&A）是兼并和收购的简称。企业并购是指一家企业通过取得其他企业的部分或全部产权，从而获得其他企业控制权的投资行为。其中取得控制权的企业称为“并购企业”，被控制的企业称为“目标企业”。这种“控制权”主要表现在并购企业对目标企业的持股比例上。具体有四种情况：第一，目标企业成为并购企业的分公司（专业厂或事业部）；第二，并购企业成为目标企业的绝对控股股东，即持股比例在50%以上，目标企业是并购企业的全资子公司或绝对控股子公司；第三，并购企业成为目标企业的相对控股的第一大股东，即持股比例在30%～50%之间，目标企业是并购企业的相对控股子公司；第四，并购企业成为目标企业的非控股的第一大股东，即持股比例在5%～30%之间。[1]

（一）兼并与收购界定

兼并与收购作为与企业产权交易相关的两个基本概念，具有不同的含义。企业兼并是指一家企业购买其他企业的产权，使其他企业丧失法人资格或改变法人实体的行为。其基本特征是兼并行为一旦成立，目标企业原有的法人资格即告结束。兼并企业通常是一家占优势的企业。企业兼并是企业竞争中优胜劣汰的正常现象，是企业扩张的重要形式之一，企业规模急剧扩大和企业股票价值最大限度地增长是企业兼并的结果。

我国《公司法》把合并分成吸收合并和新设合并两种形式。吸收合并就是所说的“兼并”，是指一个企业吸收其他企业而继续存在，被吸收的企业解散而不复存在，其财产、债权、债务转给存续企业。新设合并是指两个或两个以上的企业合并设立一个新的企业，原有企业都不继续存在，其财产、债权、债务由新设的企业承担。

收购是指一家企业通过持有一家或若干家其他企业适当比率的股权而对这些企业实施经济业务上的控制的行为。收购的实质是取得控制权。收购又分为资产收购和股份收购两类。资产收购是指一家企业购买目标企业的部分或全部资产（包括营业部门），以实现对目标企业的控制。股份收购是指一家企业直接或间接购买目标企业的部分或全部股份，以实现对目标企业的控制。股份收购中，收购企业要承担目标企业的债权债务；而资产收购中，收购企业只是收购目标企业的资产而未收购其股份，因此无须承担目标企业的债权债务。

（二）兼并与收购的比较分析

1. 兼并与收购的相似点

兼并与收购有许多相似之处，主要表现在以下两点：

一是基本动因相似，其基本动因不外乎扩大市场占有率，扩大经营规模，拓宽企业经营范围，实现分散经营或综合化经营，总之都是增强企业实力的外部扩张策略或途径。

二是都以企业产权为交易对象，都是企业资本经营的基本方式。

---

① 马欣萌．企业并购会计问题探究 [J]. 江苏商论，2019，（5）：82–85.

2. 兼并与收购的区别

兼并与收购存在区别：

一是在兼并中，被兼并企业作为法人实体不复存在；而在收购中，被收购企业可以以法人实体存在，其产权可以是部分转让。

二是兼并后，兼并企业成为被兼并企业新的所有者和债权债务的承担者，是资产、债权、债务的一同转换；而在收购中，收购企业是被收购企业的新股东，以收购出资的股本为限承担被收购企业的风险。

三是兼并多发生在被兼并企业财务状况不佳、生产经营停滞或半停滞之时，兼并后一般需调整其生产经营，重新组合其资产；而收购一般发生在企业正常生产经营状态下，产权流动比较平和。

兼并、合并与收购在实际运作中的联系远远超过其区别，所以常作为同义词一起使用，统称为“并购”，泛指在市场机制作用下企业为了获得其他企业的控制权而进行的产权交易活动。

二、企业并购的类别划分

在国外企业并购理论上，企业并购可以依据不同的标准划分。

（一）以并购的出资方式划分

按照这个标准，企业并购可以分为出资购买资产式并购、出资购买股票式并购、以股票换取资产式并购和以股票换取股票式并购。

（1）出资购买资产式并购。出资购买资产式并购是指并购企业使用现金购买目标企业全部或绝大部分资产以实现并购。对于产权关系、债权债务清楚的企业，出资购买资产式并购能做到等价交换，交割清楚，没有后遗症或遗留纠纷。但由于国内企业财务报表不够完善，被并购企业的财务状况尤其是债权债务关系不易清楚知悉，这会在相当程度上影响并购企业单纯以现金出资购买被并购企业的兴趣。

（2）出资购买股票式并购。出资购买股票式并购是指并购企业使用现金、债券等方式购买目标企业一部分股票，以实现控制后者资产及经营权的目标。出资购买股票可以通过一级市场进行，也可以通过二级市场进行。但通过二级市场出资购买目标企业股票要受到有关证券法规信息披露原则的制约，如购进目标企业股份达一定比例，或达到该比例后持股情况增减变化达某一比例都需履行相应的报告及公告义务，在持有目标企业股份达到相当比例时更要向目标企业股东发出公开收购要约。所有这些要求都容易被人利用，哄抬股价，使并购成本激增。并购企业如果通过发行债券的方式筹集资金进行并购，则容易背上巨大的债务负担。

（3）以股票换取资产式并购。以股票换取资产式并购是指并购企业向目标企业发行自己的股票以换取目标企业的资产。并购企业在有选择的情况下承担目标企业的全部或部分责任，目标企业也要把所持有的并购企业的股票分配给自己的股东，以防止所发行的大量股票集中在极少数股东手中。

（4）以股票换取股票式并购。以股票换取股票式并购是指并购企业直接向目标企业股东发行自己的股票以换取目标企业的股票。换取的股票数量应至少达到并购企业能控制目标企业的足够表决权数。通过并购，目标企业或者成为并购企业的子公司，或者通过解散而并入并购企业。

（二）以行业相互关系划分

按照这个标准，企业并购可分为横向并购、纵向并购和混合并购。

（1）横向并购。横向并购是指两个或两个以上生产或销售相同、相似产品的企业间的并购。如美国波音公司和麦道公司的合并、德国的戴姆勒—奔驰公司和美国的克莱斯勒公司的合并、美国的花旗银行和旅行家银行的合并，都属于横向并购。横向并购的目的在于消除竞争，扩大市场份额，增加并购企业的垄断实力或形成规模效应。

（2）纵向并购。纵向并购是指对生产工艺或经营方式上有前后关联的企业的并购。如电视机厂对显像管厂的并购、纺织厂对制衣厂的并购，就属于纵向并购。纵向并购的目的在于加强企业对销售和采购的控制，加速生产流程，缩短生产周期，实现产销一体化及生产组织上的协作化及专业化。

（3）混合并购。混合并购是指对处于不同产业领域、产品属于不同市场且与其不存在客户或供应商联系的企业的并购。如汽车企业对酒店企业的并购、钢铁企业对石油企业的并购，就属于混合并购。混合并购的目的在于减少长期经营一个行业所带来的风险，通过分散投资、多样化经营达到资源互补、优化组合、降低风险的效果。

（三）以并购是否通过中介机构划分

按照这个标准，企业并购可以分为直接并购和间接并购。

（1）直接并购。直接并购是指并购企业直接向目标企业提出并购要求，双方通过一定程序进行磋商，共同商定完成并购的各项条件，进而在协议的条件下达到并购目的。由于直接并购需要目标企业的大力配合，在目标企业反对的情况下是不可能成功并购的，所以直接并购又称“协议并购”。在直接并购中，除并购企业采取主动攻势外，目标企业也可能出于某种原因而主动提出转让经营控制权的请求。

（2）间接并购。间接并购是指并购企业并不直接向目标企业提出并购要求，而是在证券市场上大量购买目标企业的股票，从而达到控制该企业的目的。当并购企业持有目标企业股份达到一定比例时，一般须依法向目标企业所有股东发出公开收购要约。如我国《证券法》规定：“通过证券交易所的证券交易，投资者持有或者通过协议、其他安排与他人共同持有一个上市公司已发行的股份达到百分之三十时，继续进行收购的，应当依法向该上市公司所有股东发出收购上市公司全部或者部分股份的要约。”间接并购自主性强，无须谈判，并购速度快。但这种并购一般不是建立在目标企业自愿、协商的基础上，极有可能遭到目标企业的对抗，增加并购成本。

三、我国企业的并购方式

在我国企业的并购实践中，人们探索了许多符合我国国情的并购方式，主要有以下四种：

（一）承担债务式

承担债务式是指在资产和债务等价的情况下，并购企业以承担被并购企业债务为条件接受其资产。其特点是：并购企业将目标企业的债务及整体产权一并吸收，以承担目标企业的全部债务，负责安置职工及离退休人员的工资福利为条件，在双方自愿互利的基础上实行并购。并购交易不以价值为标准，而是要求目标企业的资产和负债等价，并购企业以承担目标企业的全部债务为条件，接受其全部资产和经营权，目标企业法人资格自行消失。[①]在实践中，由于多数目标企业资不抵债，这就要求首先对资不抵债（负权益）部分进行妥善处理。通行的方法是由目标企业的主管部门接受此项负权益，或者以旧债停账挂息、免税等优惠政策措施来换取并购企业接受目标企业的整体债务。尽管这可以使目标企业走出困境，但由于主管部门实力所限，最终容易沦为逃债公司。

（二）吸收股份式

吸收股份式是指目标企业的所有者将目标企业的净资产作为股份投入并购企业，成为并购企业的一个股东。这种并购方式的特点是：双方实行股份合并，以优势企业一方为主管理，另一方成为股权代表，以其股东身份行使权利和义务。该方式通过参股将两个不同企业的资产融合到一起，从而实现了生产要素存量的优化配置。目标企业的资产一经评估折股并入并购企业，目标企业的法人身份便宣告消失，并购企业则借助于股权优势，对并购后企业的全部资产加以控制。随着我国企业改制工作的深入开展，吸收股份式的企业并购会越来越多。

（三）购买式

购买式是指由并购企业出资购买目标企业的资产。目标企业按资产出售价值并入并购企业，目标企业法人地位消失。由于我国企业普遍资金短缺，从银行融资受到限制，目标企业多以安置职工和离退休人员为并购条件，作为主要债权人的国有商业银行对不良资产的处置仍没有好办法，所以购买式在企业并购实践中较难推行。

（四）过渡式

过渡式是在进行企业并购时，为克服目标企业股东的心理障碍，先使股东在承包或联营期间实际体会到经营一体化的好处，再实行并购，实现资产一体化。过渡式主要包括：①先承包（租赁）后并购。主要用于并购微利或亏损企业。并购企业先通过承包或租赁，取得目标企业的经营权，待扭亏后逐步过渡到并购。②先代管，后并购。主要用于并购小企业。并购企业先通过代管，

---

① 黄景祥．企业并购重组与竞争秩序维护 [J]. 企业经济，2002，（3）：20–21.

对企业进行改造，形成配套生产能力后，再逐步过渡到并购。③先联合，后并购。并购双方先结成紧密型的联合体，实行供、产、销统一管理，人、财、物协调使用，经营目标、发展方向统一规划，待时机成熟后再行并购。

第二节　企业并购理论与动因分析

一、企业并购的主要理论

并购理论产生于并购实践，反过来又推动着并购实践的发展。在西方悠久的企业并购史上，西方学者提出了一些并购理论。下面介绍西方并购理论中有助于解释我国当前企业并购活动的五种理论，它们是差别效率理论、经营协同理论、纯粹的多元化经营理论、价值低估理论以及代理问题和管理主义理论。

（一）差别效率理论

差别效率理论又称“管理协同假说”，是并购的基本理论。该理论表明，如果一家企业有一支高效的管理队伍，其能力在满足日常管理后仍有剩余，该企业可以通过收购一家管理效率较低的企业来使其额外的管理资源得以充分利用，从中实现收益。这对双方企业和整个社会都有益处。这类并购活动将提高整个经济效率的水平。

由于企业内部协调或管理能力的限制，差别效率理论的应用范围也受到了相应的限定。从理论上讲，高效率企业释放过剩管理能力除并购外还可以采取其他措施，如企业进行内部扩张，或解雇多余的管理人员。管理人员作为企业的雇员一般都对企业专属知识进行了投资，因此管理人员自身也是企业专属资产的一部分，其在企业内部的价值大于其市场价值。过剩的行业专属管理能力可能是先进的协作组织带来的结果。由于管理层是一个整体，并且受不可分性和规模经济的制约，所以解雇具有额外管理能力的管理人员是不可行的。并购是转移行业专属资源而不至于使其总体功能受损的上策。由于行业需求状况的限制，在本行业内进行扩张较难。并购企业可以通过进入被并购企业的相关行业来利用其过剩的管理能力。并购企业具有被并购企业所在行业特有的工艺知识是并购成功的一个重要前提。

管理效率低或业绩不佳的企业可通过直接雇用管理人员或与外部管理者签订合同来增加管理投入，从而提高管理水平。但直接雇用管理者无法保证在可接受的时期内建立起一支有效的管理队伍。而订立契约的办法一般不宜采用，因为涉及对管理层专属知识进行投资而引发的对专属资产所积累的准租金占用问题。如果有效的管理需要大量的管理人才，规模较小、业绩不佳的企业就很难达到这一要求。

总之，把被并购企业非管理性的组织资本与并购企业过剩的管理资本结合起来将产生协同效应。在差别效率理论中，并购企业的管理方力图利用被并购企业的管理人员。差别效率理论对横向并购有较强的解释力。

（二）经营协同理论

经营协同理论假设存在规模经济且收购有助于达到可以获得规模经济的活动水平，它包含了能力互补性的概念。例如，一家企业可能在研究开发方面有较强的实力，但在市场营销方面较弱；而另一家企业则恰好相反，营销能力强而研究开发能力弱。这两家企业的并购将导致经营上的协同。经营协同指并购后的企业总体效益要大于并购前两个独立企业效益的算术和，即“1+1>2”。经营协同可以通过横向、纵向或混合并购来获得。建立在经营协同基础上的理论假定在行业中存在着规模经济，并且在并购之前，企业的经营活动达不到实现规模经济的潜在要求。

规模经济由于不可分性而产生。不可分性是指生产活动中生产要素因其物理属性而不能随意划分。在制造业中，只要设备能力没有达到充分利用，就存在着扩大生产规模的可能性。上述企业间并购以实现研究开发和市场营销方面双方优势的互补，这隐含了对某些现存要素未充分利用，而对于其他一些要素却没有给予足够的投入。

在生产、科研、市场营销或财务方面的规模经济有时是指在特定管理规模方面的经济。在一般管理活动中，如在规划和控制职能中也可以获取规模经济。有规划和控制才能的企业工作人员可能在一定程度上未被充分利用。当并购后的企业恰好达到需要增加工作人员的规模时，将会使并购企业原有的人员得到充分利用，同时避免了向其他企业增加人员的必要性。

另一个可获得经营协同的领域是纵向并购。将同行业中处于不同发展阶段的企业并购起来，可以在不同的水平间获得更有效的协同效应。内部化理论对纵向并购进行了较合理的解释。纵向并购可以节省相关的联络费用和各种形式的交易费用。内部化过程是否产生，最终取决于内部化的净收益是否达到决策者对预期收益水平的要求。

（三）多元化经营理论

多元化经营作为一种并购理论，与股东证券组合的分散化不同。股东可以有效地在各个行业间分散其投资风险，因此企业没有必要为了股东而分散经营。但若企业经营的单项产业失败的话，管理者和其他雇员就面临着很大的风险，因为他们专属于企业的人力资本是无法转移的。因此，企业可以通过分散化经营来鼓励雇员进行专属于企业的人力资本投资，而这种投资可以使其更有价值和有更高的劳动生产率。此外，在企业原先的产业衰退时，分散化经营可以通过向其他产业转移来提高企业的组织资本和声誉资本受保护的可能性。企业通常采用混合并购的方式，实现多元化经营。当企业通过多元化并购把经营领域拓展到与原经营领域相关性较小的行业，就意味着整个企业在若干不同的领域内经营，这样当其中的某个领域或行业经营失败时，可以通过其他领域内的成功经营而得到补偿，从而使整个企业的收益率得到保证。

分散化经营可以通过内部发展和并购活动来完成，然而在特定的情况下，并购活动优于内部发展。因为企业可能仅仅是缺少必要的资源或其潜力已超过了行业容量而缺少内部发展的机会，通过并购可以迅速实现分散化经营。

（四）价值低估理论

价值低估理论认为当目标企业股票的市场价格因为某种原因而没有反映其真实价值或潜在价值，或者没有反映出其在其他管理者手中的价值时，并购活动就会发生。通货膨胀不仅使股市低迷，而且使资产的当前重置成本较历史成本大幅度提高。并购企业购买目标企业股票时，必须考虑当时目标企业的全部重置成本与其股票市场价值的大小，当并购企业发现由于通货膨胀等原因造成目标企业的股票市价低于重置成本，或者由于并购企业获得一些外部市场所不了解的信息，认为目标企业价值被低估时，就会采取并购手段，取得对目标企业的控制权。因为通过购买现存企业的股票来获得扩张所需的资产要比购买或建造相关的资产更便宜一些。

（五）代理问题和管理主义理论

当管理者只拥有企业股份的一小部分时，便会产生代理问题。这种部分的所有权可能会导致管理者的工作缺乏活力，或者进行额外的消费（如豪华办公室、专用轿车和俱乐部的会员资格），因为拥有绝大多数股份的所有者将承担大部分的成本。这种情形在大企业更为严重，由于所有权更加分散，股东更缺乏动力花费成本以监控管理者；即使监控管理者，其支出仍属于代理成本。代理成本可扩展为：①股东与代理人的签约成本；②监督与控制代理人的成本；③限定代理人执行最佳决策的成本；④剩余利润的损失。

这一理论对企业并购的解释可归纳为以下三个观点：

（1）并购可以降低代理成本。企业的代理问题可以由适当的组织设计来解决，当企业的经营权与所有权分离时，决策的拟订和执行与决策的评估和控制应加以分离，前者是代理人的职权，后者归所有者管理，这是通过内部机制设计来控制代理问题。而并购则提供了一种控制代理问题的外部机制。当目标企业代理人有代理问题产生时，并购或代理权的竞争可以降低代理成本。

（2）管理主义理论。该理论认为管理者都有权力欲，他们非常关心自身的权力、收入、社会声望和职位的稳定性，管理者有扩大企业规模的动机，因为管理者的报酬取决于企业的规模，更大的企业通常意味着更多的在职消费、权利、职业晋升机会以及更高的声誉，因此管理者有动机通过并购使企业的规模扩大，而忽视企业的投资收益率。

（3）自负假说。该假说认为管理者总是高估自己的经营能力，在评估目标企业未来产生的收益时过分乐观，在并购收益较低、甚至不存在收益时仍然做出并购决策。

综上所述，差别效率理论表明，并购活动除了能给参加者带来收益外，还能带来社会效益。差别效率使得高效企业并购低效企业，并购企业可以施展额外的管理能力，实现总体收益的提高。差别效率最有可能成为相关行业中企业间并购活动的一个要素。在相关行业中，竞争使得企业改进管理的要求最为迫切。

经营协同理论假设存在规模经济，并且并购有助于达到可以获得规模经济的活动水平。我国传统的国有制具有产权主体单一、行政垄断和部门分割三大弊端，这使得规模不经济的问题十分普遍。经营协同理论有助于指导我国产品结构和企业组织结构的优化调整。

纯粹的多样化经营理论的核心是通过分散经营来保护企业的组织资本和声誉资本。我国现在流行的多样化经营，其真正符合纯粹多样化经营理论的内容并不多，主要是由一些具有中国特色的原因造成的。多样化经营若是脱离分散风险、不便于内部融资和不利于调动企业各级管理人员的积极性，就不宜采用。采取多样化经营还应保证风险成本和交易成本的节约要大于因多样化经营而增加的内部代理成本。

价值低估理论主要是指企业价值在证券市场上的低估。而我国的股票市场规模较小，上市公司数量较少，进行产权交易的绝大多数企业是非上市公司，其价值参照评估结果在并购的谈判中确定。现行企业并购的买方市场态势使企业价值被低估更易发生。

代理问题和管理主义理论与我国现行的委托代理制直接相关。我国企业经营中的代理问题较为突出，这与产权不明晰有关。我国企业经营中的代理问题直接反映为没有形成合理的经营者选择机制和对经营者的激励和约束机制。

二、我国企业并购的动因

就我国企业并购而言，还有一些阶段特性明显的并购动因。下面将其分为并购企业的并购动因、目标企业的并购动因和政府的并购动因三个方面加以论述。

（一）并购企业的并购动因

（1）迅速扩大生产经营规模，实现生产、销售和管理等方面的规模经济。

我国企业普遍存在规模小、技术落后、设备陈旧、规模不经济等问题，面对加入WTO以及全球经济一体化的竞争，我国企业必须扩大规模、增强实力，才能参与国际竞争，而并购是一种快速扩张的重要手段。

（2）进行多样化经营以降低经营风险。在计划经济时期，我国企业特别是国有企业主业单一；进入市场经济后，由于主业竞争激烈，经营风险加大，一些企业纷纷通过并购进入相关程度较低的其他行业，以分散经营风险。

（3）获取某些重要资源。我国许多企业的并购结果表明，获取被并购企业的土地使用权是并购的主要目的，这在中心城市的黄金地段表现得尤为明显。这与我国土地的管理和使用制度有关。土地使用权尚未彻底市场化为某些企业借并购之机获取廉价的土地使用权创造了条件。专利和管理技术等无形资产也越来越多地受到企业的重视，使得并购企业将其作为目标，以弥补本企业的不足，优化资源组合，提高生产效率。

（4）充分利用本企业特有的资源，特别是人力资源、品牌和管理技术，以实现长远的战略目标。我国现阶段出于此动因进行并购的企业较少。除了大多数企业对人力资源开发、品牌塑造和管理创新重视不够外，更令人担忧的是许多企业没有制订切实可行的战略目标。一些非上市公司通过收购上市公司的股份而取得控制权多数在于取得上市公司的“壳”资源。

（5）获取某些财务上的好处。我国财务制度规定，企业发生的年度亏损，可以在五年内用税前利润延续弥补。因此，兼并亏损企业可以得到税收上的好处。另外，我国政府鼓励优质企业并购亏损企业，并在税收和贷款上给予支持，如贷款利率较低，或原亏损企业的借款只需还本、不用付息等。

（6）实现企业管理者个人的目标，如树立不断进取和发展的形象，增加个人报酬，追求不断膨胀的权力、声望和社会地位等。

（二）目标企业的并购动因

（1）企业经营管理水平差，出现亏损。从我国现阶段被并购企业的情况来看，被并购企业主要是资不抵债或接近破产的企业、长期经营亏损或微利的企业以及产品滞销、转产没条件也没有发展前途的企业。这些企业存在的问题很难在其内部自行消化解决，由经营管理水平较高的优势企业对这些企业实行并购，通过注入资金、调整产品结构、转入新兴行业、提高管理水平和企业整体素质等手段，可以从根本上使其摆脱困境。

（2）企业所在行业出现萎缩，促使企业退出该行业而进入新的行业。我国目前正面临大的产业结构调整，通过由其他企业并购，可以最大限度地降低退出成本，减少进入新行业的风险。

（3）资金支付出现危机。我国资本市场不发达，融资渠道狭窄，因此一些企业如果在生产经营过程中出现资金支付困难的状况，凭现有的条件又无法筹到所需资金时，就只好让资金较为充裕、正在寻求新的业务增长点的企业进行并购，这样也可使被并购的企业转危为安。

（4）规模过大，通过出售分支机构以缩小规模。我国企业办社会的问题比较突出，通过出售与主业发展关系不大的分支机构，可以节省企业的经营支出，实现主业的规模经济效益。

（三）政府的并购动因

（1）优化产业结构、产品结构和企业组织结构，提高企业的整体素质和社会经济效益。传统的计划经济体制致使我国经济发展面临着严重的结构问题，主要表现为落后失衡的产品结构、各自封闭的产业结构、小而分散的企业组织和日益趋同的地区经济结构。结构性矛盾造成我国一大批企业不仅产品不能适应市场需要，而且成本高，竞争力差，经济效益下降。国有企业现在面临的困难与结构失调有直接的关系。通过企业之间的并购可以实现结构的逐步调整。

（2）推进企业组织结构的调整，实现存量要素的合理流动和优化配置，提高经济增长的质量和效益。就企业并购而言，政府的要求是“着眼于存量要素的优化配置，着眼于企业间在场地、装备、人才、技术、商誉和产品上的优势互补，着眼于优势企业实现规模经营，加快发展”。我国企业规模不经济，“大而全”“小而全”现象严重；专业化分工和协作化水平低；企业中间产品自制率高，劳动生产率低；大企业在主导行业发展方向、推动技术进步、广泛参与国际竞争等方面的作用未能形成。一大批微利和经营性亏损企业占用着大量的国有资产，使这部分资源长期处于闲置或低效高耗状态中。通过并购可以使这些企业实现规模经济效益，让长期凝滞的存量资产流动起来，保持经济持续、健康、协调地发展。

（3）主管部门出于消灭亏损企业的目的希望实现并购。在我国经济中占主体地位的国有企业面临着冗员过多、债务沉重、技术设备陈旧、管理机制不活和经营效益较差等问题，而亏损则是困扰国企多年的问题。十多年来企业并购的结果表明，我国大多数被并购的企业是失去竞争力或存在条件，不得已而进行的产权交易。政府作为国企的出资人或出资人代表，希望通过并购减少亏损，减缓财政的压力。另外，长期亏损使企业破产，破产导致失业人数增加，影响社会安定，与政府充分就业的目标相违背。

（4）进行国有经济布局和结构的战略调整。当前国企经营困难除了机制不活外，还由于国有经济的布局不合理，即国有经济的战线太长，重复建设严重，布局过于分散，企业规模偏小和素质比较差等。这是造成高投入、低产出，高消耗、低效益的重要原因。国有企业改革的出路就在于贯彻“抓大放小”的战略，一方面通过并购等形式放开搞活国有小企业，使其能够采取符合其生产力水平的所有制形式和经营方式；另一方面要集中力量抓好重点，通过并购形成一批跨行业、跨地区乃至跨国经营的大企业集团，使其成为促进科技进步、结构优化和参与国际竞争的主力。

第三节　企业并购的财务分析

一、目标企业的价值评估

企业价值评估是指运用一些已被验证过的成熟的价值评估方法对企业的内在价值进行量化的估价。企业价值评估是一种综合性的资产评估，是对企业整体经济价值进行判断、估计的过程。在现代企业的财务活动中，企业价值评估日益显现出其重要的地位。①

① 毛松英 . 企业并购后的财务整合 [J]. 中国商论，2019，（2）：181-182.

首先，企业价值最大化的目标比利润最大化更加受到重视，被认为是最合适的企业目标。企业的价值在于它能给投资者带来未来收益，由于利润最大化没有考虑利润发生的时间，没有考虑获得利润与所承受风险大小的关系，因而容易导致企业为追求短期最大利润而忽略长远的发展，追求最大利润而忽视风险的控制。企业价值最大化，不仅要考虑企业当前的盈利水平，更要注重企业的长期获利能力；不仅要考虑企业的获利水平，更要注意将企业的风险控制在投资者可接受的范围之内。所以，经理和董事们必须明白一个企业的价值取决于什么，以及这种价值如何测定，否则他们就不能实现股东所期望的目标。

其次，企业价值评估为公司一些重大交易和战略抉择提供参考价格。企业兼并浪潮的兴起，使企业价值评估成为热门话题，在企业并购、资产出售、资产重整、股份回购、新产品引进、签订合资协议等重大交易和战略抉择的各种场合中，通过科学合理的方法对目标企业进行价值评估，可以为买卖双方提供客观依据，使买卖双方都做到心中有数。目标企业价值评估是企业并购的灵魂，因为每次交易的发生是由于并购双方共同接受了同一价格，而这一价格的形成是基于对目标企业的价值评估。

再次，企业价值评估已成为企业进行有效价值管理的基础。企业价值评估作为企业战略和企业财务的交汇点，能够估测企业和商业备选战略的价值以及这些战略中具体方案的价值；可以帮助管理人员检查业务活动的绩效，并确定其目标；还能与企业主要的利益拥有者，尤其是股东，就企业的价值互通信息。

最后，企业价值评估也与企业有关的其他部门密切相关。如美国的每个州都要求本州的铁路和公共设施经营企业每年做出价值评估，以便确定财产税的税额；初次股票上市也要求做出精确的企业价值评估，以便更能恰当地为新证券定价；职工持股计划和经理股票期权的实施，也要求对企业价值做出合理的评估。

企业价值评估有以下方法：

（一）调整账面价值法

调整账面价值法就是以企业会计核算的账面价值为基础，再经过调整后得到企业价值的评估方法。评估一个企业价值的最为简单直接的方法是根据公司提供的资产负债表进行估算，国内称为“成本法”或“资产基础法”，是指以被评估企业评估基准日的资产负债表为基础，合理评估企业表内及表外各项资产、负债价值，确定评估对象价值的评估方法。会计意义上的账面价值是一个反映企业特定时点会计核算的数字，其好处在于它是按通用会计原则计算出的，并由独立的第三方提供，但它亦存在着巨大的欺骗可能性。

第一，资产、负债的确认和计量都涉及人为估计、判断，因此账面价值的计算容易受人为的主观因素的影响，使之偏离真实价值。我国会计准则允许企业选择不同的折旧方法和存货计价方法，这就使得在计算资产负债表的总资产时带有一定的随意性，总资产值随所选择的会计核算方法的不同而不同。

第二，物价变动使以历史成本为计量属性的资产或负债严重偏离现实。通货膨胀会使资产的当前价值高于其历史成本减去折旧；而现代科技发展的日新月异，使得一项资产在其寿命终结前已经过时贬值，结果是，资产的当前价值低于其历史成本减去折旧。

第三，有些无法或难以用货币可靠计量的资产或负债完全被遗漏、忽略，而这类信息均具有决策价值。被忽略的资产有如公司自创的商誉、自行设计的专利、与其他企业的良好关系、企业文化、品牌等。实际上，这些无形资产蕴含着巨大的价值潜力，忽略这些资产将出现企业价值被低估的现象。被忽略的负债有如各种执行中的赔偿合同、管理人员的报酬合同、信用担保、企业所承担的社会责任等，忽略这些负债将出现企业价值被高估的现象。

第四，账面价值没有反映企业的未来盈利能力。收购目标企业看中的是目标企业未来的发展潜力以及潜在的管理效率空间。而那些有着高账面价值却没有生命力的企业，对收购方来说毫无价值可言。因此，用账面价值作为企业价值衡量标准，很容易导致收购决策的根本性失误。

因此，仅用账面价值法难以得到企业内在价值的准确评估。要想用账面价值法获得一个与市场价值相接近的估算值，就需要在账面价值的基础上进行调整。美国价值评估理论专家布瑞德福特•康纳尔（Bradford Cornell）认为，企业资产的账面价值通常都与其市场价值不一致，原因主要有三个：①通货膨胀使得一项资产的当前价值并不等于它的历史价值减去折旧；②技术进步使得某些资产在寿命终结之前已经过时贬值；③由于有效的组合，多种资产组合的价值会超过相应各单项资产价值之和即组织资本。组织资本是一种无形资本。例如，经理与职员之间良好的合作、沟通关系，可以营造出优越的企业文化氛围，提高员工的合作效率；又如，企业在客户中的良好信誉、高品牌知名度、庞大的供应商和分销商网络等，虽然它们无法在资产负债表上反映出来，但都将在账面价值的基础上极大地提高企业的内在价值。

调整账面价值法就是将企业所有资产按照重置成本或变卖价值进行重新评估后直接相加，扣除核实的负债即可得出公司的净资产。

由于过时贬值和通货膨胀的影响往往可以相互抵消，因此这两种影响在调整账面价值时不用过分考虑，而且还可以通过重置成本法和变卖价值法来克服。这使得组织资本成为调整账面价值法中一个不容忽略的重要因素。遗憾的是，由于组织资本是一种无形资产，难以准确地量化估值；而绝大部分的企业都有大量的组织资本，这使得账面价值法的适用范围相当狭窄。有资料显示，在一些传统行业中，企业的账面价值与市场价值比较接近；一些产能过剩的行业其市场价值甚至低于账面价值；而那些高科技企业和服务性企业的账面价值与市场价值相差较大，因为它们的组织资本产生了巨大的价值。

我国上市公司中，钢铁、造纸、交通运输、银行等行业由于产能过剩或存在较大的潜在风险，市净率普遍较低；而那些信息技术企业、文化传媒企业、著名酒类生产企业、具有独特配方的医药生产企业等，由于具有良好的发展前景以及国家政策的支持，想象空间巨大，其市场价值大大高于其账面价值，市净率普遍较高。

（二）市场价格法

市场价格法就是基于本企业或可比企业市场价格的评估方法。在被评估企业的证券公开上市交易的情况下，市场价格法是一种直截了当的评估方法。运用这一估价模型的前提假设是有效市场假设。所谓“有效市场假设”，指的是证券的市场价格应反映全部公开信息。而我国的证券市场是否有效，目前还有争议。在影响证券价格的诸多因素中，一些可供炒作的信息（如政策信息、政府对上市公司的保护程度、企业可能进行的“资产重组”等）的权重远远大于企业业绩、财务状况等信息，其中政策以及资金推动对股票价格的影响不容忽视。这些信息的可预期水平很低，经常被投机者利用来操纵股价。在一个不很规范、不太成熟的证券市场中，股票的市场价格可能会大大偏离其内在价值。因此，市场价格法在我国目前环境下运用还存在较大的局限性。

而且采用上市公司的证券市场价格来推断非上市公司的价值还存在可交易性的调整问题，因为投资者购买证券，目的在于增加未来可支配的现金流量。如果该证券是非公开上市交易的，并不容易重新卖掉，对于持有者而言就更不值钱。根据前人研究，可以将可交易的证券看作某种不可交易、附带有可以按照市场价格转化为现金的期权。按照这个观点，可交易证券与其他条件相同的不可交易证券的价格差别就等于可变现期权的价值，普通证券如果不能上市交易，就要对其价值进行折扣。如果可比公司是公开上市交易的，而评估目标公司并没有上市，在运用市场价格法得出价值的基础上，考虑折扣是合适的。国外研究表明，不可交易性的折扣大约在20%～50%之间。

（三）市盈率法

市盈率法就是根据目标企业的收益和市盈率确定其价值的方法，它是国外成熟证券市场上常用的股票投资价值的评估方法。即：

$$目标企业价值=估计收益\times 市盈率$$

从上式中可以看出，运用市盈率法评估目标企业的价值，关键是确定估计收益和市盈率。

1. 估计收益的确定

由于并购企业与目标企业所采用的会计政策可能不一致，因此并购企业首先必须仔细检查目标企业的损益账目以及所遵循的会计政策，若有必要，则需调整目标企业近期的利润指标，以便使其与并购企业的政策一致。估计收益如果采用目标企业最近一年的税后利润，虽然最能反映目标企业的当前状况，却没有考虑到企业经营中的波动性，尤其是经营活动具有明显周期性的目标企业，因此采用最近三年税后利润的平均值作为估计收益更为恰当。对并购企业来说，目标企业的价值不在于它过去产生了多少收益，而在于其被并购后能产生多少收益。如果目标企业被并购后能够获得与并购企业同样的资本收益率，那么以目标企业留存下来继续经营的那一部分资产为基础，乘以并购企业的资本收益率，就可得到目标企业被并购后的估计收益。

2. 市盈率的确定

通常可选择的市盈率有三种：①在并购时点目标企业的市盈率；②与目标企业具有可比性的同类企业的市盈率；③目标企业所处行业的平均市盈率。由于市盈率受企业成长性和风险的影响，成长性好、风险小的企业，其市盈率相对高一些，因此确定市盈率时必须确保在成长性和风险方面的可比性。美国公司的做法很简单，它们以每股市价作为讨价还价的第一基准，8～10倍的市盈率被认为是一个合理公道的价格。市盈率的倒数即投资收益率，10倍市盈率，其倒数是10%，即在不考虑企业成长的前提下，企业每年的投资收益率是10%，需要10年的时间收回初始投资。

采用市盈率法评估目标企业的价值，以投资为出发点，着眼于目标企业的收益指标，因而在并购价值评估中被广泛使用，如企业在IPO时往往是以该企业最近一年的每股收益，参考行业平均市盈率来确定股票发行价格。投资银行在评估潜在的收购、出售以及资产重组时，也经常采用市盈率法来估算收购或转让价值。由于估计收益指标与市盈率的确定带有评估人员的主观判断，因而不同的评估人员得出的目标企业价值相差会很大。并购企业应当根据并购双方的实际情况，选择最为合理的估计收益和市盈率指标，使目标企业估价尽可能准确，为并购决策提供有效的决策依据，降低并购风险并提高并购活动的收益。

市盈率法对业绩较稳定的公用事业、商业类企业估价参考较大，但对业绩不稳定的公司估价则易产生判断偏差。

二、并购后的财务分析

并购活动会对并购双方的财务指标产生明显影响。下面从企业每股收益及股价等方面讨论并购对双方的影响。

（一）并购后初期每股收益分析

为了分析的方便，设：

T_a，T_b——并购企业和目标企业的税后利润；

N_a，N_b——并购企业和目标企业的股票数量；

P_a，P_b——并购企业和支付给目标企业的每股价格；

E_a，E_b——并购前并购企业和目标企业的每股收益$\left(E_a=\frac{T_a}{N_a}, E_b=\frac{T_b}{N_b}\right)$；

R——并购企业并购后每股收益变动率；

E'——并购企业并购后每股收益；

$\frac{P_a}{P_b}$——股票交换比率；

$\frac{P_a}{P_b}$，$\frac{P_b}{E_b}$——并购前并购企业和支付给目标企业的市盈率；

$\frac{P_b}{P_a}\times N_b$——并购企业为并购而必须新发行的股票数量。

从并购后并购企业的每股收益可推出每股收益变动率。计算公式如下：

$$E'_a=\frac{T_a+T_b}{\frac{P_a}{P_b}\times N_b+N_a}$$

$$R=\frac{E'_a-E_a}{E_a}=\frac{(T_a+T_b)/[(P_b/P_a)\times N_b+N_a]-T_a/N_a}{T_a/N_a}$$

整理后得：

$$R=\frac{\frac{P_a}{E_a}/\frac{P_b}{E_b}-1}{1+\frac{T_a}{T_b}\times\frac{P_a}{E_a}/\frac{P_b}{E_b}}$$

由此可见，以换股并购方式进行的企业并购中，并购企业每股收益的变动率取决于并购企业支付给目标企业的价格或市盈率。

（1）如果$\frac{P_b}{E_b}<\frac{P_a}{E_a}$即并购企业支付给目标企业的市盈率小于并购企业的市盈率，则 ＞ ，即并购企业每股收益将增加；

（2）如果$\frac{P_b}{E_b}=\frac{P_a}{E_a}$，则$R=0$，即并购企业每股收益将保持不变；

（3）如果$\frac{P_b}{E_b}>\frac{P_a}{E_a}$，则$R<0$，即并购企业每股收益将减少。

另外，T_a/T_b越大，即并购企业的税后利润高于目标企业的税后利润越多，并购企业每股收益变动幅度就越小。

（二）并购后未来每股收益分析

从上面分析可以看出，如果并购后并购企业、目标企业的收益能力不变，即并购后的税后利润等于原来并购企业、目标企业的税后利润之和，那么实施并购初期如果并购企业的每股收益增加，则目标企业的每股收益将减少；而并购企业的每股收益减少，则目标企业的每股收益将增加。如果仅凭此时每股收益是否增加来决定是否并购，则不可能得出使并购双方都满意的并购方案。实际上，由于并购后产生的协同效应，并购后的税后利润应大于原来两家企业的税后利润之和。因此，即使并购企业向目标企业股东支付了较高的市盈率，引起并购后每股收益的下降，这也只是短期现象。从长远看，随着并购后带来的未来收益的增长，并购企业未来的每股收益将超过不实施并购情况下的每股收益。

从长远看，并购将给并购双方带来好处，是一种双赢之局面。这也是促使并购双方能达成协议的原因所在。否则，一方得、一方失将增加并购的难度。

（三）并购后股票市价分析

股票价格是否会因并购而提高，关键要看每股市价的交换比率及并购后市盈率的变化。即：

$$\text{每股市价的交换比率}=\frac{\text{并购企业支付给目标企业的每股价格}}{\text{目标企业每股市价}}$$

如果这一比率大于1，表示并购对目标企业有利，目标企业股东因并购而获利；如果比率小于1，则表示并购对目标企业不利，目标企业股东因并购而遭受损失。

第四节　企业重组与清算

一、企业破产的概念与程序

（一）企业破产的概念

企业破产是市场经济条件下的一种客观经济现象，它是指企业在市场竞争中，由于各种原因不能清偿到期债务，通过重整、和解或者清算等法律程序，使债权债务关系依据重整计划或者和解协议得以调整，或者通过变卖债务人财产，使债权人公平受偿。

企业是否达到破产界限，需有明确的法律标准。关于企业法人的破产界限，《中华人民共和国破产法》（以下简称《破产法》）第2条规定：

（1）企业法人不能清偿到期债务，并且资产不足以清偿全部债务或者明显缺乏清偿能力的。

（2）企业法人有上述规定情形，或者有明显丧失清偿能力可能的。由此可见，“不能清偿到期债务”是我国《破产法》对企业破产规定的破产界限，它是指债务人对请求偿还的到期债务因丧失清偿能力而无法偿还的客观经济状况。

（二）破产程序

现代破产制度主要包括三个基本程序，即重整、和解与破产清算。

重整程序是指对陷入财务危机但仍有转机和重建价值的企业，根据一定程序进行重新整顿，使企业得以维持和复兴，并按约定的方式清偿债务的法律程序。启动重整程序后，不对无偿付能力的债务人进行财产清算，而是在法院的主持下由债务人与债权人达成协议，制订重整计划，规定在一定的期限内，债务人按一定的方式全部或部分清偿债务，同时债务人可以继续经营其业务。重整程序是一种再建型的债务清偿制度，其立法目的在于促进债务人复兴，这是破产法律制度的国际惯例，它使得破产法不仅仅是一个市场退出法和死亡法，还是一个企业恢复生机法和拯救法。在提出破产申请后，陷入困境的企业依然有可能通过有效的重整避免破产清算。在重整期间，债务人可以在管理人的监督下自行管理财产并继续进行经营活动。

和解程序是指在债务人无法清偿到期债务的情况下，由债务人提出债务和解协议并向法院提出和解申请，经债权人会议通过和法院认可后，按照和解协议规定的条件清偿债务的法律程序。根据我国《破产法》的规定，债务人可以直接向法院申请和解，也可以在法院受理破产申请后、宣告债务人破产前，向法院申请和解。债务人申请和解，应当提出和解协议草案。

破产清算程序是指在债务人无法清偿到期债务的情况下，由债务人或债权人向法院申请对债务人进行财产清算，并公平偿还债权人的法律程序。法院裁定受理破产申请后，应当指定管理人。管理人在破产程序中承担重要的职责，负责债务人财产的管理和处分，决定债务人的内部管理事务，代表债务人参加诉讼或者其他法律程序。

重整与和解可以统称为破产重组。破产重组是对已经达到破产界限的企业的挽救措施。通过破产重组，当债务人不能清偿到期债务时，不必立即进行破产清算，而是在法院的主持下，由债务人和债权人达成协议，制订债务人重整计划或债务和解计划，债务人可以继续营业，并在一定期限内按计划全部或部分清偿债务。因此，破产重组既可以解决债务人的债务问题，又可以使债务人获得自我拯救、重新开始的机会，继续从事经营活动。

二、企业重整

（一）企业重整程序

1. 重整申请

依据《破产法》的规定，债务人不能清偿到期债务，并且资产不足以清偿全部债务或者明显缺乏清偿能力的，或者有明显丧失清偿能力可能的，债务人或者债权人可以直接向法院申请对债务人进行重整。法院经审查认为重整申请符合法律规定的，应当裁定债务人重整，并予以公告。自法院裁定债务人重整之日起至重整程序终止为重整期间。重整期间又称重整保护期，企业破产法设立这段期间的目的在于使管理人或者债务人能够在这段法定的保护期内提出重整计划草案，供债权人分组表决通过、法院认可。

2. 重整计划的制订和批准

债务人或者管理人应当自法院裁定债务人重整之日起6个月内，同时向法院和债权人会议提交重整计划草案。债务人或者管理人未按期提出重整计划草案的，法院应当裁定终止重整程序，并宣告债务人破产。

3. 重整计划的执行

法院裁定批准的重整计划对债务人和全体债权人均有约束力，并由债务人负责执行。已接管财产和营业事务的管理人应当向债务人移交财产和营业事务。但是，在重整计划规定的监督期内，管理人应监督重整计划的执行，债务人应当向管理人报告重整计划执行情况和债务人财务状况。监督期届满时，管理人应当向法院提交监督报告。

4. 重整程序的终止

重整程序的终止分为正常终止和失败终止两种情况。正常终止是指重整计划经债权人会议通过并经法院批准后，债务人成功执行了重整计划，债务问题得以解决，重组程序正常终止。失败终止是指在重整期间发生了法律规定的情形后，经管理人或者利害关系人请求，法院裁定终止重整程序，并宣告债务人破产。

（二）债务和解

债务和解也称债务重组，是指在债务人发生财务危机的情况下，债权人按照其与债务人达成的协议或法院的裁定做出让步，使债务人减轻债务负担，度过难关，从而解决债务人债务问题的行为。通过债务重组，债务人可以延长债务的偿还期限，减轻债务负担，调节资本结构，从而走出困境。

1. 债务和解的方式

（1）以资产清偿债务。这种债务和解方式是指债权人和债务人达成协议或者经法院裁定，由债务人用现金或非现金资产来清偿全部或部分债务。但是，债权人通常要做出一定程度的让步，如减免部分债务本金或利息等。这样可以缓解债务人的财务压力，有助于债务人摆脱困境，并且债务人可以由此得到债务重组收益。

（2）债权转为股权。这种债务和解方式是指经债权人和债务人协商，债权人将全部或部分债权转作对债务人的股权，对于债务人而言，则是将其负债转为股东权益，不再需要偿还。这样实际上改变了负债企业的资本结构，也减轻了债务人的债务负担。

（3）修改债务条件。这种债务和解方式是指经债权人和债务人的协商对债务合同的某些条款进行修改，如延长偿还期限、降低利率、减免应付未付利息、减少本金等。这种债务重组方式主要是为了减轻债务人的债务负担，使其尽快摆脱困境。

以上三种债务和解方式可以组合应用，如部分债务以资产来清偿，部分债权转为股权，或者部分债务修改债务条款等。

2. 债务和解的程序

企业在符合债务和解条件的情况下，可以与债权人协商债务和解，对债务企业进行整顿。通常债务和解应遵循以下程序：

（1）提出申请。企业进行债务和解应由债务人向法院提出申请。债权人已经向法院申请债务人破产的，债务人也可以向法院提出债务和解申请。债务企业自己申请破产的，如果债权人有债务和解的明确表示，债务人也可以在法院宣告破产前，向法院申请债务和解。债务人在申请债务和解时，应当提出债务和解协议，明确申明进行债务重组的理由，包括企业的经营状况、债务总额、不能偿付债务的理由以及进行债务重组的必要性和可行性。

（2）签订债务和解协议。债务人提出的债务和解协议草案须经债权人会议表决通过。债权人会议通过和解协议的决议，应由出席会议的有表决权的债权人过半数同意，并且其所代表的债权额占无财产担保债权总额的2/3以上。债权人会议通过和解协议后，应由法院裁定认可，并终止和解程序。经人民法院裁定认可的和解协议，对债务人和全体和解债权人均有约束力。债务人应当按照和解协议规定的条件清偿债务。

（3）债务和解程序终止。债务人按照和解协议履行了债务清偿义务，按照和解协议减免的债务，自和解协议执行完毕时起，债务人不再承担清偿责任，债务和解程序顺利终止。

三、企业清算

（一）企业清算的概念

企业清算是企业在终止过程中，为终结现存的各种经济关系，对企业的财产进行清查、估价和变现，清理债权和债务，分配剩余财产的行为。任何企业不论出于何种原因终止，都应当进行清算工作。清算是企业终止阶段的主要工作，企业的经济法律关系只有通过清算才能予以了结。[①]

企业出现以下情形之一，应当进行清算：①营业期限届满或企业章程规定的解散事由出现；②股东大会决议解散；③因企业合并或分立需要解散；④依法被吊销营业执照、责令关闭或者被撤销；⑤依法宣告破产。

（二）破产清算的程序

根据我国《破产法》的规定，企业破产清算的基本程序如下：

（1）提出破产申请。我国《破产法》规定，破产申请可由债务人向法院提出，即自愿破产，也可由债权人向法院提出，即非自愿破产。债务人或债权人向法院提出破产申请，应当提交破产申请书和有关证据。

（2）法院受理破产申请。法院接到破产申请后应进行受理与否的审查。法院裁定受理破产申请后，应当指定管理人。管理人可以由有关部门、机构人员组成的清算组或者依法设立的律师事务所、会计师事务所、破产清算事务所等社会中介机构担任。

（3）债权人申报债权。法院受理破产申请后，应当确定债权人申报债权的期限。债权人应当在法院确定的债权申报期限内向管理人申报债权。债权人申报债权时，应当书面说明债权的数额和有无财产担保，并提交有关证据。申报的债权是连带债权的，应当说明。管理人收到债权申报材料后，应当登记造册，对申报的债权进行审查，并编制债权表。

---

① 荆新，王化成，刘俊彦 . 财务管理学（第 8 版）[M]. 北京，中国人民大学出版社，2018.

（4）召开债权人会议，选举债权人委员会。债权人会议是由依法申报债权的所有债权人组成的，决定债务人在破产期间的重大事项。第一次债权人会议由法院召集，自债权申报期限届满之日起15日内召开。债权人会议可以决定设立债权人委员会。债权人委员会由债权人会议选任的债权人代表和一名债务人的职工代表或者工会代表组成。

（5）法院宣告债务人破产。法院对债务人的破产申请进行审理，对符合破产条件的企业下发破产宣告裁定书，正式宣告债务人破产。法院宣告债务人破产后，应当自裁定做出之日起5日内送达债务人和管理人，自裁定做出之日起10日内通知已知债权人，并予以公告。债务人被宣告破产后，债务人称为破产人，债务人财产称为破产财产，法院受理破产申请时对债务人享有的债权称为破产债权。

（6）处置破产财产。管理人负责处置破产企业的财产。管理人在法院宣告债务人破产后，应当接管破产企业，开展清产核资、资产评估等工作，对破产财产和破产债权进行认定，清理、回收、管理、处分破产企业财产，代表破产企业参加诉讼和仲裁活动。在必要的情况下，管理人可以组织破产企业继续进行生产经营活动。管理人应当及时拟定破产财产变价方案，提交债权人会议表决。破产财产变价方案经债权人会议表决通过或者法院裁定后，管理人应当适时变价出售破产财产。

（7）分配破产财产。破产财产变价处置后，管理人应当及时拟定破产财产分配方案，并提交债权人会议表决。债权人会议通过破产财产分配方案后，由管理人将该方案提请法院裁定认可后，由管理人执行。

（8）终结破产程序。管理人完成最后的破产财产分配后，应当及时向法院提交破产财产分配报告，并提请法院裁定终结破产程序。法院应当自收到管理人终结破产程序的请求之日起15日内做出是否终结破产程序的裁定。裁定终结的，应当予以公告。管理人应当自破产程序终结之日起10日内，持法院终结破产程序的裁定，向破产人的原登记机关办理注销登记。

第五章

企业全面预算管理的原理阐释

企业全面预算管理是企业财务与预算管理中的重要内容。企业全面预算管理是在一定的理论基础上再根据企业实际情况进行预算管理。本章主要围绕企业全面预算管理的基本知识、企业全面预算管理的模式、企业全面预算管理的前提与基础、全面预算的编制方法解读这四部分内容进行分析。

第一节　企业全面预算管理的基本知识

一、全面预算管理的内涵和内容

（一）全面预算管理的内涵

全面预算管理是指企业为了实现战略规划和经营目标，采用预算方法对预算期内所有经营活动、投资活动和财务活动进行统筹安排，并以预算为标准，对预算执行过程和结果进行控制、核算、分析、考评、奖惩等一系列管理活动的过程。[①]

正确把握全面预算管理的内涵，需要从以下四个方面进行理解。

1. 全面预算管理是一项管理活动

作为一项管理活动，全面预算管理具备管理活动的五项基本要素：

（1）预算管理的主体——企业管理层。企业管理层是指在企业具有决策、

① 张长胜. 企业全面预算管理（第 2 版）[M]. 北京：北京大学出版社，2013.

领导和管理职能的组织或个人。它既可以是企业的董事会，也可以是经理团队；既可以指企业的决策、领导、管理机构，又可以指董事长、总经理等处于决策、领导和管理地位的个人。

（2）预算管理的客体——企业预算期内所有经济活动。企业预算期内所有经济活动就是企业预算期内经营活动、投资活动和财务活动的过程和结果。

（3）预算管理的手段——全面预算方法。全面预算方法就是将企业预算期内的所有经济活动全部编制为预算，并经过一定的程序审查、批准预算，使之成为企业预算期内法定的、规范的、具有高度权威性的行动计划。

（4）预算管理的职能——计划、执行、控制、分析、考核和奖惩等。企业采用全面预算方法，对预算期内所有经济活动进行计划、执行、控制、分析、考核和奖惩。

（5）预算管理的目标——实现战略规划和经营目标。企业实施全面预算管理的目的是确保预算期内战略规划和经营目标的实现。

2. 全面预算管理的本质

全面预算管理的本质属性是以预算为标准的管理控制系统，是企业实施内部管理控制的方法和工具。企业内部管理控制的方法和工具有很多，包括授权批准控制、会计系统控制、财产保全控制、风险防范控制、合同管理控制、管理信息系统控制、内部审计控制等。其中，全面预算管理是企业内部管理控制的主要工具和方法，它通过编制预算，制订了执行、控制和评价标准，对企业所有经济活动实施了事前、事中和事后全过程的控制，在企业内部管理控制中发挥着核心作用。

3. 全面预算管理涉及的范围

全面预算管理涉及企业经济活动的方方面面，是一项全员参与、全方位管理、全过程控制的综合性、系统性管理活动。“全员参与”是指企业内部各部门、各单位、各岗位，上至董事长，下至各部门负责人、各岗位员工都必须参与预算管理。“全方位管理”是指企业的一切经济活动，包括人、财、物各个方面，供、产、销各个环节，都必须全部纳入预算管理。“全过程控制”是指企业各项经济活动的事前、事中和事后都必须纳入预算管理控制系统。

4. 全面预算管理的作用

全面预算管理是企业实现战略规划和经营目标的有效方法和工具。战略规划和经营目标的制订是一个思维过程，而战略规划和经营目标的实施则是一个行动过程。规划和目标制订得再好，如果得不到有效实施，就不能将美好蓝图和愿景转变为现实。①通过实施全面预算管理，企业不仅可以使用预算这个量化工具，使自身所处的经营环境、拥有的资源与企业的战略规划和经营目标保持动态平衡，而且通过预算编制可以将企业的战略规划和经营目标分解、细化为一个个具体的行动计划和作业计划，并通过预算执行、控制、分析、考核、奖惩等一系列预算管理活动的实施，使企业的战略规划、经营目标与具体的行动方案紧密结合，从而化战略为行动，确保企业战略规划和经营目标的实现。

（二）全面预算管理的内容

全面预算管理本质上是一个以预算为标准的管理控制系统。上级经理通过预算的方式确定工作任务和业绩标准，由下级经理执行；为了保障下级经理的执行过程符合预算规定的目标和标准，上级经理必须安排专人对下级经理的预算执行过程和结果进行控制和计量；然后，专人将实际执行情况与预算标准进行比较，并编制反馈报告送达上级经理；上级经理根据预算执行情况，决定是干预下级经理的预算执行过程，还是允许其继续运行下去；如此持续不断，最终达到促使下级经理完成预算目标的目的。②

1. 全面预算管理的动态分析

全面预算管理的动态循环过程是：企业从战略规划和经营目标出发编制预算，到执行预算，再到对预算执行的统计核算及将实际运行结果与预算进行比较，看执行结果是不是与预算指标相符，如果相符，那就通过了；如果不相符，就要看是什么性质的差异，差异额能否接受。如果差异额可以接受就通过，如果差异额不能接受，那可能有两种情况：一种是预算编制不准确，另一种是预算编制没问题，而是执行过程中出现了偏差。如果预算编制得不准确，那就需要修订预算；如果预算编制得准确无误，就要分析和确认造成差异的原

---

① 陈娟 . 企业全面预算管理系统构建 [J]. 财会学习，2019，（21）：26，28.

② 张长胜 . 企业全面预算管理（第 2 版）[M]. 北京：北京大学出版社，2013.

因，并采取措施矫正差异。如此不断循环下去，最终实现预算目标。值得注意的是，判断预算执行差异能否接受的标准是差异数额的大小和对全面预算管理的影响程度。全面预算管理要求预算执行的差异数额越小越好，而不论是有利差异，还是不利差异。

2. 全面预算管理的静态分析

从静态上分析，全面预算管理可分为十个模块：

（1）预算编制模块。预算编制模块的功能主要有两个：一是通过编制预算，公司总经理可以将来自股东或上级的要求以及市场竞争的压力传递给公司的各层级、各单位和每一名员工；二是通过编制预算，可以将企业战略规划转化为短期的、可操作性的行动计划。

编制预算的基本任务就是确定预算指标，设计预算表格，设置预算编制的程序和方法，层层分解、细化、落实预算指标等。

（2）预算执行模块。预算执行模块的功能主要是完成预算指标，这是全面预算管理的核心内容。预算编了不执行或仅供参考，那就不如不编。执行模块的基本任务包括根据预算指标设计业务活动方案；协调好公司供产销、人财物各方面的关系，确保生产经营活动的顺利进行。这个环节的关键是“严”字当头。因为，没有严肃、认真的态度，各种预算指标就没办法分解、落实下去；没有严密、周全的保证措施，有了预算指标也没办法确保完成。

（3）预算控制模块。预算控制模块的功能主要是按照一定的程序与方法，确保公司各部门和员工全面落实和实现预算。预算控制的基本任务就是以预算指标为控制标准（这些标准包括质量标准、消耗标准、利润标准等），监督、检查预算的执行情况，发现偏差，找出原因，采取措施，进行纠正，以确保预算目标的实现。按照预算控制的时序，可分为事前控制、事中控制和事后控制三类。在预算控制实施前企业要落实两件事：一是公司要有专司预算控制职能的组织体系，即明确由何部门、何职位、何人来负责何种控制工作。没有明确的控制机构和控制人员，控制职能就无法落实。二是必须将预算目标分解、细化到各个部门和岗位，对各部门、各岗位承担的预算责任必须有明确的规定。只有这样，通过预算控制发现的偏差才能明确应由谁来承担责任，应由谁来采取必要的纠正措施。

（4）预算调整模块。预算调整模块的主要功能就是根据需要适时调整预算指标，以确保预算管理顺利进行和预算指标的完成。预算的可调性是全面预算管理的一个重要特色，当预算制订的基础、条件发生重大变化，原有预算的假设因素不复存在时，就必须对预算指标进行适时调整。否则，预算管理将无法有效运行。调整模块的基本任务包括制订预算调整的原则、方法、程序和时间等内容。

（5）预算核算模块。预算核算模块的功能是准确、及时地反映预算执行进度和预算执行结果，为预算分析、考核和奖惩提供依据。由于企业现有的按照国家《企业会计制度》开展的传统财务会计核算并不具备内部管理的功能，不适合预算管理，所以，企业需要设计专门的预算核算系统——责任会计制度，将各部门预算执行的进度和结果及时、准确地反映出来。这一预算核算系统的基本任务包括设计预算统计制度和核算制度，开展分部门的责任核算等。

（6）预算分析模块。预算分析模块有两个主要功能，一是确定差异，二是分析差异。大部分预算与执行结果之间的差异可以分为三类：一类是价格差异，一类是数量差异，还有一类是结构差异。预算分析的首要任务是将三类差异的数额确定下来；然后，将造成这三类差异的原因找出来，将造成差异的责任落实到部门和责任人，并对症下药地进行解决。另外，企业要对预算执行的差异设定一个标准，当差异低于设定的标准时，可不进行干预；如果达到或超过设定的标准，就应立即予以干预。这个设定的干预标准被称作预警线。如果利用计算机进行全面预算管理，就可以将干预标准预先设置在计算机信息处理系统里，当某个预算项目的执行差异达到或超过干预标准时，计算机系统就会自动显示，进行报警和提醒。

（7）反馈模块。反馈模块也叫报告模块，其主要功能就是将预算的执行进度和执行结果准确、及时地反馈、报告给有关职能部门和总经理，以保证上级对下级的预算执行过程进行有效监控。预算反馈的基本任务是设计反馈报告的形式和表格，建立经常性、制度化、程序化的预算反馈报告制度，并为整改措施拟订程序。

（8）审计模块。审计模块的主要功能是保证预算管理系统中传送数据的真实性和完整性。因为预算执行的结果与部门、员工的经济利益是密切相关的，不经过审计，就可能产生舞弊现象，就不能保证反馈报告数据的真实性。审计模块的基本任务是制订预算审计制度，对预算的编制、执行、考核和奖惩进行全方位审计。

（9）考评奖惩模块。考评奖惩模块的主要功能是解决激励和约束问题，是为预算管理系统中的当事人提供足够的动力。在全面预算管理中，如果对预算执行结果不进行考评、不与奖惩挂钩，预算就不能得到很好的执行，人们就没有内在的动力去执行预算。只有对预算执行情况进行考评，并与奖惩相关联，才能有效激励人们去努力完成预算。可以说，预算执行不与奖惩挂钩，就等于没进行全面预算管理。很多企业预算执行不下去的根本原因之一，就是预算执行没有真正与奖惩挂钩。考评奖惩模块的基本任务是制订预算考评办法和预算奖惩兑现方案，公司总经理与有关预算责任部门签订预算目标责任书，预算考评部门对预算执行结果进行严格考评，制订预算责任部门的奖惩兑现方案等。

（10）管理及技术支持模块。管理及技术支持模块的主要功能是为预算管理提供所需的管理条件支持及技术条件支持，解决预算管理的手段、环境和效率问题。预算管理是一个以预算为标准的管理控制系统。预算控制有三个基本要素：一是控制标准；二是偏差信息；三是纠偏措施。贯穿其中的基础就是信息，任何控制都有赖于信息的反馈来实现。从信息管理的角度看，全面预算管理的过程也就是信息处理的过程。预算管理对信息的基本要求是准确、及时，这就需要提供一定的管理条件和技术保证措施，特别是通过计算机辅助预算管理系统，以保证全面预算管理的有效运行和取得成功。管理及技术支持模块的基本任务是制订有关管理制度，创造良好的管理环境，配置计算机硬件和开发全面预算管理系统等。

以上所阐述的前七个模块是全面预算管理的基本模块，从编制预算到反馈报告，是一个循环，一个完整的预算管理体系；后三个模块是保证模块，是保证预算管理系统健康、顺利运行的必备条件。

二、全面预算管理的具体流程

全面预算管理的流程包括预算编制、预算执行和预算考评三大基本环节。其中，预算编制环节包括拟定预算目标、预算编制、预算审批等内容；预算执行环节包括预算分解与落实、预算执行、预算控制、预算调整、预算核算、预算报告、预算审计等内容；预算考评环节包括预算分析、预算考评、预算奖惩等内容。三大基本环节及各项内容之间相互关联、相互作用、相互衔接，并周而复始地循环，从而实现对企业所有经济活动的科学管理与有效控制。全面预算管理各个环节的主要内容如下：

（1）拟定预算目标。预算目标是预算期内企业各项经济活动所要达到的结果，是落实到各预算部门的、具体的责任目标值。在安排各预算部门编制预算草案之前，首先需要企业管理当局根据战略规划和年度经营目标拟定企业及各预算部门的预算目标，作为编制全面预算的主线及方向。

（2）预算编制。企业各预算部门根据预算决策机构下达的预算目标和预算编制大纲，综合考虑预算期内市场环境、资源状况、自身条件等因素，按照“自上而下、自下而上、上下结合”的程序编制预算草案。

（3）预算审批。首先，企业预算管理部门对各预算部门上报的预算草案进行审查、汇总，提出综合平衡的建议，在审查、平衡过程中发现的问题要提出调整意见，并反馈给有关部门予以修正；然后，在企业有关部门进一步修订、调整、平衡的基础上，汇总编制企业全面预算草案，经公司总经理签批后提交董事会或股东（大）会审议批准。

（4）预算分解与落实。全面预算审批下达后，企业管理当局要通过签订预算责任书的方式将预算指标层层分解、细化，从横向和纵向两个方面将预算指标落实到企业内部各预算执行部门，形成全方位的预算执行责任体系。

（5）预算执行。在整个预算期内，企业的各项经济活动都要以全面预算为基本依据，确保全面预算的贯彻执行，形成以全面预算为轴心的企业经济活动运行机制。

（6）预算控制。预算控制是按照一定的程序和方法，确保企业及各预算部门落实全面预算、实现预算目标的过程，它是企业全面预算管理顺利实施的有力保证。企业通过预算编制为预算期的各项经济活动制订了目标和依据，通过预算执行将编制的预算付诸实施，通过预算控制确保预算执行不偏离预算的方向和目标。

（7）预算调整。预算调整是在预算执行过程中，对现行预算进行修改和完善的过程。因为预算是指导和规划未来的经济活动，编制预算的基础很多都是假设，如果在预算执行中发生预算指标或预算内容与实际情况大相径庭的情况，就必须按照规定的程序对现行预算进行实事求是的调整。

（8）预算核算。为了对预算的执行情况和执行结果进行计量、考核和反映，企业必须完善预算核算体系，建立与各部门责任预算口径相一致的责任会计制度，包括原始凭证的填制、账簿的记录、费用的归集和分配、内部产品及劳务的转移结算、收入的确认以及最终经营业绩的确定和决算报表编制等核算内容。

（9）预算报告。预算报告是指采用报表、报告、通报等书面或电子文档形式对预算执行过程和结果等信息进行的统计、总结和反馈。它既包括日常预算执行情况的报告，也包括预算年度结束后对全年预算执行结果进行的决算报告。

（10）预算审计。预算审计是企业内部审计部门对全面预算管理活动的真实性、合法性和效益性进行的审计监督。通过审查评价预算管理体系的效率和效果，维护全面预算管理的严肃性、合法性和真实性，促进企业各预算执行部门改善预算管理、提高经济效益。

（11）预算分析。预算分析是指采用专门方法对全面预算管理活动全过程所进行的事前、事中和事后分析。其中，对预算执行结果的分析是重点，目的是确定预算执行结果与预算标准之间的差异，找出产生差异的原因，并确定其责任归属，为预算考评提供依据。

（12）预算考评。预算考评是对企业全面预算管理实施过程和实施效果进行的考核和评价，既包括对企业全面预算管理活动实施效果的全面考评，也包括对预算执行部门和预算责任人的考核与业绩评价。

（13）预算奖惩。预算奖惩是按照预算责任书中确定的奖惩方案，根据预算执行部门的预算执行结果对各预算部门进行奖惩兑现。预算奖惩是全面预算管理的生命线，是预算激励机制和约束机制的具体体现。建立科学的奖惩制度，一方面能使预算考评落到实处，真正体现责、权、利的结合；另一方面能有效引导人的行为，使预算目标和预算行为协调一致。

三、全面预算管理的特点与功能

（一）全面预算管理的特点

全面预算管理作为一种现代企业管理方法，与其他管理方法相比具有以下鲜明特点：

1. 权威性

全面预算管理的权威性是由全面预算审批机构的权威性和全面预算管理的本质属性决定的。

（1）全面预算是按照法定程序编制、审查，并经过公司最高权力机构审议批准的。《公司法》规定，有限责任公司股东会和股份有限公司股东大会行使审议批准公司年度财务预算方案和决算方案的权利。因为财务预算是以经营预算和投资预算为基础编制的，是企业的总预算，股东会审议批准公司的财务预算也就相当于审议批准企业的全面预算。全面预算的权威性是显而易见的，因此，经过公司最高权力机构审议批准的全面预算是上至董事长、总经理，下至每一名员工都必须遵照执行的行动纲领。

（2）全面预算管理的本质属性是以预算为标准的管理控制系统，权威性是其发挥职能的必然要求。如果全面预算管理缺乏权威性，企业就不可能建立起有效的预算管理控制系统，预算的编制、执行、控制、核算、报告、考评就会困难重重、寸步难行，全面预算管理也只能是流于形式、半途而废。

2. 适应性

全面预算管理的适应性包括外部适应性和内部适应性两个方面，它是由企业外部适应性和内部环境的特殊性决定的。

全面预算管理是市场经济的产物，是企业适应外部市场需要而引入的管理、控制经济活动的管理制度。因此，全面预算管理的实施过程必须要适应外部市场的需要。例如，预算的编制必须以市场为导向，以销售为起点，如果外部市场发生重大变化，全面预算就应做适应性调整；预算的执行与控制必须贴近市场，要根据外部市场的变化及时调整企业预算的执行策略；预算的考评与奖惩必须紧扣市场，充分考虑市场变化对执行结果的正面或负面影响，等等。

全面预算管理是管理运营企业的手段、工具和方法，它的设置与运行必须符合企业运营的内在要求，必须体现本企业的个性特征，必须与本企业的性质、行业、规模、组织结构、人员素质、产品特点、企业文化等内部环境因素相互适应。

3. 全面性

预算管理的全面性是由全面预算管理的基本属性决定的。全面预算管理的基础是全面性，如果不具备全面性，也就不能称其为全面预算管理。

全面预算涵盖了企业所有经营活动、投资活动和财务活动，其预算编制范围不仅包括预算，还包括经营预算和投资预算，它对企业经济活动的事前、事中和事后均具有全面控制约束力。

全面预算管理涉及企业人、财、物各个方面，供、产、销各个环节，具有“全员参与、全方位管理、全过程控制”的特征，是一项综合性的系统工程。

因此，全面预算管理由预算编制、执行、控制、调整、核算、分析、考评及奖惩等一系列环节组成，是一项综合性、全面性的内部管理活动。

4. 机制性

全面预算管理的机制性是由全面预算管理的运行机制决定的。全面预算管理的运行机制是将企业生产经营活动的决策管理过程机制化、模式化、规范化。

通过实施全面预算管理，企业可以明确内部各层级、各部门的责、权、利区间。在此，企业各层级、各预算部门既有权力又有责任为自己该为之事，且多为不行，少为不可。全面预算管理也使企业各职能机构及责任部门的权力、责任得以具体化。预算的编制权归公司董事会所有；预算的审批、决策权归公司股东会所有；预算的执行权归总经理及各责任部门所有；预算的考评权归审计考评部门所有，等等。当然，各机构和职能部门在获得权利的同时也承担了相应的责任和义务。全面预算管理通过这种近乎于机械化的程序，使企业各组织间的责、权、利实现相互制约和平衡，有助于企业建立起适应市场需要的自我发展、自我约束、自我管理的内部经营管理机制。

（二）全面预算管理的功能

全面预算管理主要有以下六个方面的功能：

1. 规划与计划

全面预算管理作为一种管理方法和管理工具，是股东会对董事会、董事长对经理班子、总经理对整个企业的经济活动及其结果进行规划和计划的基本手段。通过编制全面预算，能够综合反映企业经济活动的全貌，将企业的战略规划和经营目标细化为企业各个层级、各个环节、各个部门的具体工作目标和行动计划。

全面预算管理以量化的方式规定了企业在预算期内的预算目标和工作方向，并将预算目标按照企业内部各职能部门的职责范围层层分解落实，使预算目标成为各职能部门的具体责任目标。这样就保证了企业预算目标与各部门分管的具体责任目标的一致性，使各部门了解和明确自己在完成企业预算总目标中的职责和努力方向，并驱动企业的各个部门甚至每名员工都要编制切实可行的、具体的工作计划，并积极地实施这些计划，从而使企业总体目标通过具体目标的实施得以最终实现。

2. 整合与凝聚

全面预算管理是实现企业整合的基本手段之一。现代企业有着强大的资金流、物资流、业务流、信息流、人力流和复杂的法人治理结构。全面预算管理作为一项系统工程，以经营目标为起点，以提高投入产出比为目标，通过编制全面预算将企业有限的资源加以整合，协调分配到能够提高企业经营效率、经营效果的业务、活动和环节中去，从而实现企业资源的优化配置，增强资源的价值创造能力，促进企业经营管理从粗放型向集约型转变。

企业完全可以通过预算管理这种方式，有效地将企业的各个层级、每个层级的各个单位、每个单位的各个成员与企业总体目标连接起来，并使这些层级、单位和成员围绕着企业的总体目标进行运作，提高企业的凝聚力和向心力。同时，通过预算编制，企业可以将有限的资源分配到效率最高的模块之中，从而全面整合企业的各项资源，有效提高企业的整体经济效益。

3. 激励与约束

重视对各部门及员工行为的激励与约束，充分调动各部门及员工的积极性、主动性和创造性，是企业持续发展的重要基础。通过全面预算管理这种方式，可以将企业各层级之间、各部门之间、各责任单位之间的责、权、利关系予以规范化、明细化、具体化和度量化；可以明确每个部门、员工在实现企业总目标中的责任、权力和利益，明确哪些是应该做的，哪些是不应该做的，做好了能得到什么奖励，做不好会受到什么惩罚，这样对每一个部门、每一个员工就具备了激励与约束作用。同时，通过编制全面预算，层层分解预算目标，使企业的每一个部门、每一个员工都有了明确、具体的奋斗目标；通过全面预算的执行，可以实现企业生产经营活动的健康运行和对企业供产销各个环节、人财物各个方面的有效规范；通过对全面预算执行结果的考核与奖惩兑现，可以有效激发各部门及全体员工努力工作的主观能动性，为全面完成企业经营目标奠定坚实的基础。

4. 沟通与协调

全面预算管理是一个系统工程，任何一个因素、一个环节的变动都会影响整个系统。例如，销售预算是根据市场和企业自身条件制订的；生产预算是根据销售预算制订的；材料采购预算是根据生产预算制订的；现金预算是根据采购、销售、费用等预算制订的；财务预算是根据经营预算和投资预算制订的。也就是说，预算管理的每一因素、每一环节都是互相影响、互相制约的，这就要求企业各个部门、各个环节在预算目标的制订和实施过程中，必须做到相互沟通与协调。

全面预算管理不仅可以促使企业高层管理者从整体上考虑企业各个运行环节关系，明确各部门的责任，便于各部门间的协调，避免由于责任不清造成相互推诿事件的发生，而且可使企业管理当局很方便地将管理意图准确、快捷地传递到企业各个单位和各位成员，同时，全面预算管理将企业各方面和各部门的工作纳入一个统一的、有序的预算体系中，促进了企业内部各部门间的合作与交流，减少了相互间的矛盾与冲突。由于各部门的预算指标是相互衔接、环环相扣的，这就促使企业各部门主管人员能够清楚地了解本部门在全局中所处的地位和作用，协调好自身发展和企业间的有机关系，使企业内部目标一致、步调一致，促成企业整体长期目标的最终实现。

5. 控制与监督

全面预算管理是一个以预算为标准的管理控制系统。公司董事会可以通过预算管理控制总经理的行为；同样，总经理也可以利用这条“缰绳”去控制属下的各个部门及整个企业的经营活动。

首先，预算编制是一种事前控制。通过制订全面预算，可以有效规划企业的经营活动；通过制定一定时期内的工作计划，避免企业因盲目发展而遭受不必要的经营风险和财务风险。

其次，预算执行是一种事中控制。在预算执行过程中，通过计量和反馈，上级经理可及时掌握下级经理预算执行的进度和结果，可以判断何时干预下级经理的经营过程，以保证企业经营目标的实现，从而使预算管理起到控制和管理日常生产经营活动的作用。

最后，预算分析与考评是一种事后控制。通过对比分析和考评，预算管理可以揭示实际工作与预算标准之间的偏差，并通过分析造成差异的原因和落实责任，为此后的工作指明方向。

全面预算管理在发挥控制功能的同时，其对企业经营活动、投资活动和财务活动的监督得以同步发挥。

6. 考核与评价

预算指标是企业数量化、具体化的经营目标，是企业各个部门、每一名员工的工作目标。预算指标不仅是控制企业经营活动的依据，而且还是考核、评价企业及其各职能部门、每一名员工工作绩效的最佳标准。通过预算的编制和下达，企业的上级经理可以向下级经理指派责任、下达任务，因而预算指标也就顺理成章地成为上级经理评价下级经理工作绩效的量化标准，可以很方便地对各部门实施绩效考核和奖惩兑现。通过预算的考评奖惩制度，可以明确每个部门、每名员工完成了责任目标有什么奖励，完不成责任目标有什么惩罚。在考核、评价企业和各部门工作绩效时，以预算指标为标准，通过对比分析，划清和落实经济责任，评价各个部门的工作，并通过一定的奖惩措施激励员工的工作热情和工作素养，促使企业全体员工为完成公司总体经营目标而努力。用预算指标去评价部门及员工的绩效，可以有效避免各种关系及个人情感对企业的不良影响，有效避免由于个人的主观印象、主观意识、个人喜好、个人感觉对绩效考评的不利影响，有利于提高绩效考评的客观性和公正性。

四、推行全面预算管理的重要性

（一）中国运用全面预算管理的必然性

在工业发达国家，企业运用全面预算管理的普及率几乎达到了百分之百，全面预算管理早已成为企业必备的、基础性的管理制度，是广大投资者和企业家管理运营企业的一种基本的方法和手段。

其原因来自于以下四个方面：

一是全面预算管理从理论到方法都已十分成熟，并被实践证明确实是运营、管理现代企业的有效手段和方法。工业发达国家企业运用全面预算管理已经有一百多年的历史，这期间，全面预算管理经历了引入期和发展期。进入20世纪80年代后，伴随信息时代的到来，全面预算管理步入成熟期。全面预算管理的理论和方法在工业发达国家已经深入人心，成为广大企业家经营、管理现代企业的必修课和必备技能。

二是国外经济发达国家实行的市场经济制度，迫使企业必须寻求和运用与市场经济相适应的企业管理制度和方法。市场经济区别于计划经济的明显特征是：企业的生产经营活动在国家法律和政策允许的范围内由企业自主运行。全面预算管理正是在市场经济条件下，企业对预定期内的生产经营活动进行合理规划和描述，并对预算执行过程与结果进行有效控制的管理制度和方法。

三是工业发达国家企业控制权、决策权、指挥权、监督权四权分离的公司治理结构，客观上需要实行全面预算管理制度来制衡。首先，股东会通过审议、批准全面预算，可以行使股东们对公司的最终控制权，体现其对公司的所有权；其次，董事会通过制订全面预算，可以行使董事会对公司的经营决策权，体现其对公司的法人财产权；再次，经理班子通过执行全面预算，可以行使经理人对公司的经营指挥权，体现其对公司的法人代表权；最后，监事会通过监督、检查全面预算的执行情况，可以行使监事会对公司的监督权，体现其对公司的出资者监督权。

四是大集团、大公司，特别是跨地区经营、跨国度经营的公司组织模式，客观上需要采用全面预算管理制度来运营、控制和管理。19世纪末20世纪初，美国的很多公司都面临由工厂制企业转变为公司制企业所带来的管理分散化问题。正是杜邦化学公司和通用汽车公司的决策者们成功地将国家预算管理的模式引入企业管理之中，才有效地解决了各分公司、子公司与公司总部之间的目标一致性问题，为大公司的跨地区、跨国度经营探索出了一种行之有效的控制方式。此后，预算管理方式很快风靡工业发达国家，为这些国家的企业转变成分公司、子公司遍布世界各地的巨型跨国公司奠定了坚实的基础。

目前，中国企业推行全面预算管理的四个因素都已基本具备：

首先，全面预算管理在20世纪80年代随着西方管理会计的理论引入我国后，经过多年的不懈努力，其理论和方法在我国已经日臻成熟，并且在许多企业中得到应用并取得显著成果。

其次，改革开放以来，我国逐步探索和实行了社会主义市场经济体制，企业成为自主经营、自负盈亏、自我发展、自我约束的法人实体和市场竞争的主体，在法律和国家政策范围内，政府不干预企业的生产经营活动。因此，企业摈弃计划经济体制下形成的以生产计划为中心的运营机制后，建立与社会主义市场经济相适应的、以全面预算为轴心的企业运营新机制就成为当务之急。

再次，随着《公司法》的颁布实施和现代企业制度的建立，特别是经过企业的股份制改造，中国企业已经逐步建立和完善了控制权、决策权、指挥权、监督权四权分离的公司治理结构。推行全面预算管理制度是将股东会、董事会、监事会、经理班子的“三会四权”落到实处的唯一选择。

最后，随着中国加入WTO和世界经济一体化的进程，越来越多的中国企业由过去的单一公司经营模式发展成以资本关系为纽带的多公司、跨地区、跨行业甚至跨国经营的集团化公司模式。集团公司总部通过推行全面预算管理就可以将各个层级、各个单位、各个成员的具体目标与集团公司的总体目标连接起来，并使各个层级、单位和成员围绕着集团公司的总体目标而运作。

因此，从工业发达国家企业运用全面预算管理的因素分析，我国企业推行全面预算管理是必然的。

（二）中国运用全面预算管理的迫切性

1. 落实《公司法》

《公司法》第三十八条第五项规定，有限责任公司股东会“审议批准公司的年度财务预算方案、决算方案”；第四十七条第四项规定，有限责任公司董事会“制订公司的年度财务预算方案、决算方案”；第一百零三条第六项规定，股份有限公司股东大会“审议批准公司的年度财务预算方案、决算方案”；第一百一十二条第四项规定，股份有限公司董事会“制订公司的年度财务预算方案、决算方案”。财务预算是全面预算不可分割的有机组成部分，是经营预算和投资预算的联产品，也就是说，没有经营预算和投资预算，财务预算就会成为无源之水，无本之木。因此，《公司法》中有关企业财务预算的规定，也就是有关企业全面预算的规定。

《公司法》是国家的法律，是在中国境内所有公司都必须遵守的法律制度和经营运作规范，也是中国企业构建公司治理结构的基本依据。显然，如果企业不实行全面预算管理制度，就不可能制订出切合企业实际的、科学的年度财务预算方案和年度决算方案。公司股东会、股东大会“审议、批准公司的年度财务预算方案、决算方案”就会变成一场例行公事的游戏。因此，全面预算管理不是企业该不该、想不想实行的问题，而是必须实行的一项基本制度。

2. 建立现代企业制度与完善公司治理结构

建立现代企业制度是发展社会化大生产和市场经济的必然要求，我国所要建立的现代企业制度，就是在社会主义市场经济条件下，根据现代企业的内在要求，按照世界通行的国际惯例和标准，来塑造适应社会主义市场经济发展要求的，能自主经营、自负盈亏、自我发展、自我约束的法人实体和市场竞争主体。现代企业制度的特征被高度概括为四句话、十六个字，即“产权明晰、权责明确、政企分开、管理科学”。这是一个非常复杂的问题。其中，仅从现代企业制度中的“制度”二字上来讲，就有六个方面的制度安排，包括企业的产权制度、企业的管理制度、企业的契约制度、企业的人格化制度、企业的法人治理结构和企业的组织结构。其中，建立和完善公司法人治理结构是建立现代企业制度的核心内容。

公司治理和公司治理结构、企业法人治理结构等，是现代企业制度中最重要的架构。联合国经济合作与发展组织（OECD）1999年制定的《公司治理原则》中给公司治理所下定义为：“公司治理是一种据以对工商业进行管理和控制的体系。公司治理明确规定公司各个参与者的责任和权利分布，诸如董事会、经理层、股东和其他利益相关者，并且清楚地说明决策公司事务时所应遵循的规则和程序。同时，它还提供一种结构，使之用以设置公司目标，也提供了达到这些目标和监控运营的手段。”可见，公司治理本质上是一种制度装置，是处理董事会、经理层、股东和其他利益相关者相互关系和权力制衡的契约，其核心就是协调各利益相关者的责、权、利关系，也就是公司股东会、董事会、监事会和经理人之间所特有的“三会四权”分权制衡的组织制度和运行机制。

目前，我国企业的公司治理结构在制度装置上分三个层次：

第一个层次，是《公司法》，它是国家颁布的适用于中国境内所有公司的、高度抽象的法律制度，是我国公司制企业的根本大法。

第二个层次，是各公司注册成立时由发起人和股东共同签署的《公司章程》，它属于中间层次的法规性契约，是公司经营运作的基本规范。

第三个层次，是企业的具体规章制度，它是以《公司法》和《公司章程》为依据，结合本企业的具体情况和市场的具体环境、具体规定，落实股东会、董事会、经营者，尤其是企业内部各部门乃至每个员工的责、权、利关系，明晰其权限范围和责任区域的制度性文件。

全面预算管理正是这样一种可以将各方利益相关者的责、权、利进行细化、具体化、度量化的第三层次的制度装置。全面预算管理以委托代理理论和信息经济学原理为基础，重点构建了企业组织内部分级管理体系。它通过分权、授权，对企业内部的所有事项进行责、权、利划分，形成了从股东会、董事会、监事会、总经理班子、部门经理到每一个员工的责、权、利管理体系。通过实施全面预算管理，可以健全和完善企业的法人治理结构。

总之，通过实施全面预算管理，企业可以规范各个利益主体对企业具体的约定投入、约定效果及相应的约定利益；可以真实反馈各个利益主体的实际投入及其对企业的影响；可以检查契约的履行情况并实施相应的奖惩，从而使企业在既定的公司治理结构内细化治理，提高公司治理的有效性，从而健全和完善公司的法人治理结构，建立现代企业制度。

3. 我国企业的管理现状的分析

改革开放四十多年来，我国的经济改革和企业改革取得了举世瞩目的成就，企业的现代制度正在逐步建立和日趋完善。

但是，我国企业的综合实力和整体素质与西方国家相比，还有很大差距。由于政治、经济、环境、观念等各种因素的交织影响，很多企业的法人治理结构很不完善，相当一部分企业的股东会、董事会、监事会有名无实。很多企业实行的仍然是人治，即董事长或总经理一人说了算。公司股东会、董事会、监事会、经理班子以及公司员工的责、权、利关系急需规范和落实。

为了进一步提高企业经营者的决策水平、管理水平，约束总经理的个人行为，建立规范、协调的企业管理制度体系，确保企业在法制的轨道上健康运行，在企业建立和推行规范化的全面预算管理制度十分迫切。

4. 推行全面预算管理的重要意义

推行全面预算管理对于企业建立和完善现代企业制度，完善企业产权制度，提高企业管理水平，增强企业市场竞争力都有十分重要的意义。

（1）实施全面预算管理，是企业产权制度变革的必然趋势，也是完善公司治理结构的必然要求。

随着企业产权的清晰和企业产权结构的多元化趋势，出资者、经营者及员工之间的关系有了更加复杂的变化。如何明确和规范出资者、经营者、员工三者之间的责、权、利关系，如何保护出资者、经营者、员工的合法权益，如何限制和约束经营者的越权行为，如何保证公司股东会、董事会、监事会、经理班子各自发挥各自的职能作用，如何确保公司远景规划、经营目标、年度计划的实现等都是不可回避的重大问题。解决的办法除了完善公司法人治理结构外，更重要的是利用全面预算这一强有力的管理手段，实现出资者对经营者的有效制约，经营者对公司经营活动、对公司员工的有效计划、控制和管理。因此，实行全面预算管理，是出资者、决策者和经营者管理运行现代企业的必然选择。

（2）实施全面预算管理，是我国企业管理的一次重大革命，将使我国企业管理进入一个新的历史阶段，提升到一个新的高度。

在我国，过去五十多年的发展过程中曾涌现出大批成本管理的典型，特别是邯郸钢铁公司推行的“模拟市场核算，实行成本否决”管理方法。这表明我国企业管理已经基本完成了第一次革命，目前正徘徊在第二次革命的边缘。历史是一面镜子，参照美国企业管理的历史，第二次企业管理革命的核心内容就是在我国企业中实行全面预算管理，为我国企业家驾驭巨型公司提供方法和手段。全面预算管理的实施，将有效地消除集团公司内部组织机构松散的状况，实现各层级、各单位、各成员的有机整合，与国际大公司的管理惯例接轨，进一步提高企业的经营管理效率，提升经营管理者把握未来的能力，使企业管理实现从粗放型向集约型的转变，提高我国企业的国际竞争能力。

五、全面预算管理的制度体系

全面预算管理是一个庞大的系统工程，涉及面广，技术性强，一个环节出现问题都会直接影响整个预算管理的顺利进行。因此，实施全面预算管理要特别重视规章制度建设，实现以规章制度规范全面预算管理的全过程，使全面预算管理的实施有法可依、有章可循。同时，要注意在全面预算管理的实践中不断修订、健全和完善全面预算管理的各项制度，确保全面预算管理体系真正发挥效能，并特别注意抓好以下两方面的工作：

一是制订的规章制度要切实可行。做到既要满足全面预算管理的需要，又要简便易行，不搞烦琐哲学；既要适应情况的变化而及时修订，又要保持制度的相对稳定性，避免频繁修改，引起混乱。

二是规章制度建立以后，要认真贯彻，严格执行。必须根除“规章制度全而细，执行起来不一致”的弊端，对于违反规章制度的现象，要给予坚决的抵制和纠正。各级领导要以身作则，带头维护规章制度的严肃性。同时也应在制度允许的范围内，合情合理地解决某些特殊问题。

（一）制度类别

全面预算管理制度可分为基本制度、工作制度和责任制度三大类。

1. 基本制度

基本制度是实施全面预算管理的根本性制度，主要包括《全面预算管理制度》和《全面预算管理组织制度》。

（1）《全面预算管理制度》是关于企业实行全面预算管理的总条例，是推行全面预算管理的基本依据和规范。其内容主要包括：总则，主要对全面预算管理的原则、任务、适用范围等事项做出规定；组织体系，主要对全面预算管理决策机构、办事机构、执行机构、监控机构、考评机构等职能机构的组成及职责范围做出规定；预算编制，主要对全面预算的编制内容、编制方法、编制程序、编制时间和编制部门做出规定；预算审批，主要对全面预算的审批程序、权限、内容和时间做出规定；预算执行，主要对全面预算执行的方法、步骤做出规定；预算控制，主要对全面预算执行的控制方法、控制程序和控制权限做出规定；预算调整，主要对全面预算的调整原则、调整程序、调整权限和调整时间做出规定；预算核算，主要对全面预算执行情况的责任核算方法、核算内容做出规定；预算分析，主要对全面预算执行过程和结果的分析方法、分析内容、分析程序和分析时间做出规定；预算考评与奖惩，主要对全面预算执行过程和结果进行考评与奖惩的方法、考评与奖惩的时间、考评与奖惩的程序等事项做出原则规定。

（2）《全面预算管理组织制度》是明确全面预算管理决策机构、日常管理机构、执行机构和监控考核机构的组成与权责的制度文件。其内容主要包括：明确全面预算管理决策机构——公司预算委员会的人员组成、议事规则和权责；明确全面预算管理日常管理机构——公司预算管理办公室的人员组成和权责；明确全面预算管理执行机构——预算责任网络的构成，将公司内部各部门分别划分为投资中心、利润中心和成本中心，并明确其权责；明确全面预算管理监控考核机构——公司预算考评委员会或办公室的人员组成和权责。

2. 工作制度

工作制度是有关全面预算管理的具体任务、程序、方法、规定等方面的制度，是全面预算管理制度的具体实施细则和依据，主要包括《全面预算编制制度》《全面预算执行制度》《全面预算核算制度》《全面预算分析制度》等若干个制度。

（1）《全面预算编制制度》一般以《预算编制大纲》（或《预算编制指南》）的形式出现。企业在布置各部门编制预算之前，必须由预算管理部门编写一份《预算编制大纲》，用以指导各部门的预算编制工作。一般而言，《预算编制大纲》应包括如下主要内容：全面预算编制工作的组织领导；全面预算编制的种类和期间（年度、季度、月度等）；各项预算编制的责任部门；各项预算编制的方法；各项预算编制的程序和时间要求；各项预算的审批程序和权限；各种预算表格的填制指南和有关项目之间的勾稽关系；预算编制的注意事项；预算的表格样式等。

（2）《全面预算执行制度》是对各种预算的执行方法、步骤、要求等事项做出的具体规定，主要包括《预算支出及报销审批制度》《预算支出立项制度》《物资采购制度》等具体制度和办法。其内容主要包括：明确各项预算执行的方法和程序；明确预算支出及报销的审批程序；明确各层级领导在预算执行方面的权力和责任。例如，执行基建技改项目预算应履行立项、招标、签订合同等程序；执行生产预算需细化指标，将责任分解到各车间、工段；执行物资采购预算，要货比三家，比质、比价；执行销售预算要明确价格的审批权限、货款回收政策及应收账款的最高限额。

（3）《全面预算核算制度》是关于对预算执行过程和执行结果进行计量核算的制度文件。因为国家统一规定的《企业会计制度》不能满足全面预算按部门、按可控性原则进行计量与核算的要求，所以，实施全面预算管理必须由企业财务部门自行设计《责任会计制度》。其内容主要包括：责任会计核算的基本程序；责任会计核算遵循的原则；责任会计核算的组织体系；各责任中心的核算方法与内容；责任会计的核算流程；责任中心的内部结算；责任会计核算的内部仲裁等。

（4）《全面预算分析制度》是对全面预算执行过程和结果进行分析的制度文件。其内容主要包括：预算分析的内容；预算分析的方法；预算分析的程序；预算分析的责任分工；预算分析的质量与时间要求等。

（5）《全面预算控制制度》是对全面预算执行过程和结果进行控制的制度文件。其内容主要包括：预算控制的责任部门与职责；预算控制的方法；预算控制的内容；预算控制的程序；预算控制的权限等。

（6）《全面预算调整制度》是对全面预算进行调整的制度文件。当因为各种原因必须调整预算指标时，应按制度规定的程序进行调整。制度的内容主要包括：预算调整的原则；预算调整的程序；预算调整的权限与责任；预算调整的时间；预算调整的具体办法等。

（7）《全面预算报告制度》是对预算执行过程和结果进行反馈报告的制度文件。其内容主要包括：反馈报告的形式与种类；反馈报告的内容与编报时间；反馈报告的编制要求；反馈报告的责任部门；反馈报告的上报与使用等。

（8）《全面预算审计制度》是对全面预算管理各环节进行审计监督的制度文件。其内容主要包括：预算审计的内容、形式与种类；预算审计的原则与程序；预算审计的责任部门；预算制度审计；预算编制审计；预算执行审计；预算报告审计；预算考核审计；预算奖惩审计等。

（9）《全面预算考评制度》是对全面预算执行过程和结果进行考核与评价的制度文件。其内容主要包括：预算考评的组织与责任部门；预算考评的原则与要求；预算考评的形式与内容；预算考评的方法、步骤与程序；预算考评的时间等。

（10）《全面预算例外管理条例》是处理全面预算管理非常规事项的制度文件。其内容主要包括：例外管理的原则；例外管理的范围与事项；例外管理的程序与要求；例外管理的授权与责任等。

（11）《预算支出审批程序及授权规定》是明确预算支出审批程序与权限的制度文件。其内容主要包括：预算支出的种类；预算支出的立项与审批程序；预算支出的审批权限；预算支出经办人与审批人的责任等。

3. 责任制度

责任制度是有关公司总部与各分公司、子公司以及公司内部各级组织、各类人员的工作范围、工作目标、应有权限、利益和工作程序等方面的制度，如《部门职责范围和工作标准》、《预算目标责任书》等。

（1）《部门职责范围和工作标准》是明确全面预算管理决策机构、日常管理机构、执行机构和监控考核机构职责范围和工作标准的制度文件。其内容主要包括：公司预算委员会的职责范围与工作标准；公司预算管理办公室的职责范围与工作标准；公司各预算责任中心的职责范围与工作标准；公司预算监控考核机构的职责范围与工作标准。

（2）《预算目标责任书》是明确预算执行部门在预算期的预算目标和责、权、利关系的内部契约性制度文件。其内容主要包括：预算管理的主体和预算执行的主体；预算执行部门在预算期内的预算目标；预算管理主体和预算执行主体的权利与义务；预算执行过程及结果的奖励或惩罚方案。

（二）管理制度的制订

全面预算管理制度的制订一般要经过编写制度草案—征求意见—修改完善—审议通过—发布实施五个步骤。

（1）编写制度草案：预算管理制度的起草一般由公司负责预算管理的部门及人员负责，对于技术性较强的预算管理制度也可以委托社会管理咨询机构的专家进行设计。

（2）征求意见：制度草案编写完成后，需要广泛征求有关部门及相关人员的意见，为预算制度的实施奠定坚实的基础。征求意见的方法一般有两种：一是由制度起草部门召开专门会议，讲解制度草案，请参加会议的人员发表修改意见；二是将制度草案通过逐个管理部门和相关人员传阅的办法，请传阅的人员发表书面修订意见。

（3）修改完善：由于征求的修改意见是由不同部门站在不同角度提出的，这些意见往往反映了不同部门的权益，有的带有明显的部门倾向性。因此，制度起草人员必须将征求到的修改意见进行归类汇总，经过去伪存真、去粗取精、全面平衡、综合考虑的过程，对制度草案进行全面修改完善，经公司分管领导审核后，即可提交有关权力机构审议通过。

（4）审议通过：制度的性质不同，审议的权力机构也是不同的。就预算管理制度而言，基本制度一般需要董事会审议通过，工作制度和责任制度一般需要总经理办公室或预算委员会审议通过。

（5）发布实施：经过审议通过的预算制度即可颁布实施，在实施中遇到的制度未尽事宜，由预算管理机构根据授权协调处理。

第二节　企业全面预算管理的模式探讨

全面预算管理模式是指企业实施全面预算管理的方式、方法，主要包括预算管理体制、预算管理重点等内容。从管理体制上看，全面预算管理可分为集中型、分散型和混合型三种模式；从预算管理重点上看，可分为以资本预算为中心、以销售预算为中心、以成本预算为中心、以现金预算为中心和以利润预算为中心五种模式。[①]

企业管理实务中，企业选择什么样的预算管理模式，在很大程度上要服从于企业的具体情况。由于企业与企业间存有性质不同、类型不同、规模不同、产品不同、管理体制不同、文化理念不同等诸多不同点，因此，在实践中也无法找到一种适合于任何行业及企业的预算管理模式。从某种意义上讲，每个企业的预算管理模式都是不同的。问题的关键在于企业要依据全面预算管理的原理，借鉴成功企业的经验，紧密结合本企业的实际，建立起具有本企业特色的、适应企业经营管理需要的、属于本企业的全面预算管理模式。

一、从管理体制分析

全面预算管理模式与企业管理体制有着密切的关系。从全面预算管理的内容看，它囊括了企业包括经营活动、投资活动和财务活动在内的所有经济活

① 斯琴卓娅．传统预算管理模式的创新研究 [J]. 中国商论，2019，（6）：138-141.

动；从全面预算管理的过程看，它包括预算编制、预算执行、预算调控和预算考评等环节。全面预算管理所涉及的各项内容之间如何协调、各个环节之间如何衔接，都取决于全面预算管理模式，而全面预算管理模式最终取决于企业的管理体制。

（一）多法人企业类型

多法人企业的基本类型一般有控股型、实体型和管理型三大类。

（1）控股型企业的母公司作为单纯的控股公司，不直接参与子公司的生产经营活动。其投资的目的是占有子公司的股份，控制子公司的股权，并通过控制权来影响子公司的董事会，从而支配被控股子公司的生产经营活动。

（2）实体型企业的母公司对所属子公司既拥有控股权，又直接参与子公司的生产经营活动。一方面，母公司利用控股优势对子公司的生产经营活动进行集团化管理，使下属子公司的生产经营活动符合整个企业集团或母子公司的发展战略；另一方面，母公司又直接参与子公司的生产经营活动，使其成为企业集团或母子公司的核心企业。

（3）管理型企业的特点则介于控股型和实体型之间。一方面，母公司不直接参与子公司的生产经营活动，而是通过控制权来影响子公司的董事会，从而支配被控股子公司的生产经营活动；另一方面，母公司又利用控股优势对子公司的生产经营活动进行集团化管理。

（二）多法人企业的预算管理模式

无论多法人企业属于何种类型，其母子公司关系都是在以资本为纽带下的法人与法人之间的关系。而母公司对子公司管理的集权与分权程度，决定着多法人企业所采用的管理体制。根据母子公司的所属关系，多法人企业的管理体制可分为集权型、分权型和混合型。与此相应的预算管理模式也可分为集中型预算管理模式、分散型预算管理模式和混合型预算管理模式。

（1）集中型预算管理模式。实体型企业通常采用集权型管理体制。在集权型管理体制中，子公司的所有重大决策，包括生产、经营、财务、人事等方面的权利，都集中在母公司。与集权型管理体制相对应的预算管理模式为集中型预算管理模式。这种模式的主要特点是：公司总部既负责预算目标的确定，又负责预算的编制和下达；子公司参与预算编制，但不占主导地位，它更重要的角色是预算的执行主体，在预算执行中的经营自主权要受到母公司较大的限制；公司总部负责对子公司的预算执行情况进行考核、监督和业绩评价。

（2）分散型预算管理模式。控股型企业多采用分权型管理体制。在分权型管理体制中，子公司的重大决策权集中在母公司，母公司保持对子公司生产经营活动的直接监督与考核，子公司拥有人、财、物方面的大部分权利。与分权型管理体制相对应的预算管理模式为分散型预算管理模式。这种模式的主要特点是：公司总部以控股母公司的身份出现，它在全面预算管理中的任务主要是确定预算目标；子公司编制确保预算目标完成的预算草案，最后由母公司研究后审批下达；子公司在预算执行中拥有充分的经营自主权，母公司一般不予干涉；母公司负责对子公司的预算执行情况进行年度考核和经营业绩评价。

（3）混合型预算管理模式。管理型企业通常采用混合型管理体制。这种企业的管理体制介于集权型和分权型之间，并因集权与分权的程度不同而各具特色。与混合型管理体制相对应的预算管理模式称为混合型预算管理模式。这种模式的主要特点是：母公司一般不直接参与子公司的生产经营活动，子公司在预算执行中拥有较大的经营自主权，但母公司对子公司的资本预算会进行较严格的控制；同时，公司总部按月对子公司预算执行情况进行严格的考核、监督和业绩评价。

二、从预算管理重点上分析

任何企业都有一个从创建、成长到成熟的过程。在企业不同的发展阶段，受企业发展战略、发展规模和产品生命周期等因素的影响，企业全面预算管理的重点是不同的。

（一）以资本预算为中心

企业在初创时期，生产经营活动还没有开展起来，企业的主要经济活动就是通过资本投入形成生产能力和规模。这一时期，企业面临的经营风险来自两个方面：一是大量资本支出与现金流出，使现金流量为负数；二是资本支出的成败及未来现金流量的大小有着较大的不确定性，投资风险巨大。

因此，在初创时期，企业的预算管理是以资本预算为中心的，资金的筹措、现金的流出都要围绕资本预算运转。预算管理的主要内容是：①搞好投资概算的编制和评审；②对资本支出项目进行可行性分析与评价；③编制项目投资预算；④编制现金支出预算；⑤编制筹资预算，从数量和时间两个方面保证投资项目的支出需要；⑥严格把关资本预算的审批程序，搞好现金支出的监督、控制与管理；⑦严格执行资本预算；⑧搞好资本支出的责任核算，正确反映资本预算的执行进度和结果。

项目投资支出金额大，风险也大。因此，必须十分重视决策科学化，要对拟定投资的项目进行科学分析、反复论证，使最终选择的投资方案达到技术经济的统一性与最优化。资本投资项目一旦付诸实施，就一定要确保工期和质量，使项目按计划竣工并发挥预期的效益。

（二）以销售预算为中心

当企业步入成长期、其产品处于投放期时，企业急需把产品迅速推向市场、占领市场。因此，企业的战略重点是在营销上，抢占市场、提高市场占有率是企业的第一要务。在抢占市场的过程中，企业就有必要以较大的人力、物力、财力成本为代价，树立产品的形象，建立企业的竞争优势，达到占领市场、扩大市场份额的目的。这一时期，营销是企业的核心业务；营销部门是企业人力、物力、财力等资源配置的重点。企业的各个环节都应该全力支持和配合营销工作。所以，这一时期全面预算管理是以销售预算为中心的，企业的一切经营活动都要围着市场转。

预算管理的主要内容是：①以市场为依托，编制积极的销售预算；②以“以销定产”为原则，编制与销售预算相衔接的生产、采购、成本及费用预算；③以销售预算为中心，编制现金预算和财务预算；④集中人力、物力、财力，确保销售预算的顺利执行。

总之，在这一时期，企业预算管理的全过程都要围绕销售预算这个中心，要从有利于完成销售预算的角度来安排企业的全面预算。

（三）以成本预算为中心

当企业的产品步入成熟期时，市场上的占有情况基本已形成格局。如果这时企业再去强行扩大市场份额，其投入、产出将不成比例。在这种情况下，企业的战略重点自然应转移到怎样通过内部挖潜来实现成本费用的降低上，以达成更大的利润空间。因此，这时候企业的战略重点是成本管理，全面预算管理是以成本预算为中心的，企业的一切经营活动都要围着成本转。

预算管理的主要内容是：①以产品销售价格和目标利润为基础，确定目标成本、编制成本预算；②以成本预算为基准，编制确保目标成本实现的采购预算、产品制造成本预算和期间费用预算；③以成本预算为中心，编制现金预算和财务预算；④以责任预算为依据，严格控制成本、费用支出。

以成本预算为中心的预算管理模式的内在逻辑在于：企业欲达到期望的经营目标，在很大程度上取决于企业产品的市场占有率；而企业利润实现的高低，在更大程度上取决于对成本的控制。以成本预算为中心的预算管理，强调以成本控制来规划企业的目标利润和目标成本，然后分解到涉及成本发生的所有部门或岗位，形成约束各预算部门行为和预算成本的控制体系，最终实现企业的目标利润。

（四）以现金预算为中心

资金均衡、有效的流动是企业生存和发展的基础，只有保持资金流动的均衡性，并通过资金流动有效控制企业的经营活动和财务活动，才能防止企业发生支付危机，从而保证企业获取最大收益。确保资金均衡、有效的流动不仅是资金管理的核心目标，也是企业经营活动顺利运行的保证。企业管理要以财务管理为中心，财务管理一定要以资金管理为重点。因此，从财务管理的角度看，全面预算管理是以现金预算为中心，以现金流量为主线，对企业的经营活动、投资活动、财务活动进行合理规划、测算、执行、控制、核算和考核的资金管理活动。

以现金预算为中心的预算管理模式的主要内容是：①企业的一切经营活动都要建立在现金收支平衡的基础之上；②现金预算是企业控制资金收支、组织经营活动的直接依据；③定期对现金流量进行分析，采取措施化解潜在的经营风险。

现金预算是财务预算的重要部分，它是与经营预算、资本预算紧密相连的。从某种意义上讲，控制了现金预算，就控制了企业的生产经营活动。因此，任何企业、任何时候都应重视资金的控制与管理。

（五）以利润预算为中心

随着世界经济一体化的发展，现代企业经营呈现多元化的发展趋势：一是产品、产业多元化，即企业不仅尽量避免经营单一产品，而且努力涉足两个以上的产业经营。企业之所以走产品、产业多元化发展的道路，主要是出于一种分散经营风险的考虑。当然，这种产品、产业多元化不是把它做成零散型的，而是企业首先有一个核心产品、核心产业。当企业在这个核心产业中站稳脚跟后，再去占领第二个领域，而且，进入一个领域就要占领一个领域，绝对不是盲目地分散风险。二是组织结构多元化，即单一法人企业越来越少，集团化、母子化企业越来越多。企业之所以走集团化发展的道路，主要是为了壮大企业实力，积极参与世界范围内的市场竞争。

很显然，在企业产品、产业多元化，组织结构集团化、母子化的大背景下，企业的经营活动也必然呈现多元化的特征，处于不同发展阶段的分部和处于不同生命周期的产品在空间上并存，在时间上相互继起。可能这个分部或产品处于创建（试制）期，那个分部或产品处于成长期，另一个分部或产品处于成熟期，还有的分部或产品又处于衰退期，即从某一个特定时期来看，企业处于哪一个阶段的分部或产品都有。在这种情况下，企业的预算管理可能是以这个分部以资本预算为中心，那个分部以销售预算为中心，另外一个分部则以成本预算为中心。总体来讲，整个企业要具体到整体利益最大化，即目标利润最大化上。因此，多元化经营的企业应实行以利润预算为中心的预算管理模式。这与企业的经营目的是一致的。

另外，随着企业所有权和经营权的两权分离，以及出资者对经营者约束机制的强化，以利润预算为中心的预算管理模式必然会被越来越多的企业采用。

在以利润预算为中心的预算管理模式中，实现目标利润是企业经营活动的中心和主线，其主要内容是：①按照企业所有者和经营者都能接受的投资报酬率，确定企业预定期内的利润总目标；②企业的一切经营活动都要围绕着利润总目标这个中心，企业各子公司、分公司的预算指标都要依据企业的利润总目标分解和展开；③依据利润总目标，制订企业的经营预算、资本预算和财务预算；④利润预算是企业组织与控制生产经营活动的基本依据，在预算执行中要及时纠正偏差，确保利润总目标的实现；⑤将是否完成目标利润作为评价各预算部门经营业绩的主要标准。

第三节　企业全面预算管理的前提与基础

一、实施全面预算管理的前提条件

实施全面预算管理是企业管理的一场重大革命，它涉及企业的法人治理结构、管理模式、管理方法和分配制度，必然会对传统企业管理思想造成巨大冲击。只有构建和创造一个良好的环境和氛围，提高各级领导对全面预算管理正确的认识，调动全体员工自觉参与全面预算管理的积极性，发挥财会人员的主力军作用，才能为全面预算管理的有效推行创造条件、铺平道路。

（一）企业领导的认可与支持

实施全面预算管理涉及企业的方方面面，甚至直接触及某些部门、某些领导和员工的个人利益，是一种权利的再分配，必然会遇到种种阻碍。因此，全面预算管理属于“一把手工程”，必须领导重视，各级一把手亲自抓、亲自管。否则，全面预算管理很难取得预期的效果。要学习和借鉴国内外企业推行全面预算管理的先进经验，对各级领导，特别是部门一把手，进行全面预算管理的培训学习，提高各级领导对全面预算管理的正确认识。

第一，全面预算管理是企业法人治理结构的重要组成部分，是建立和完善现代企业制度的重要措施。实施全面预算管理是《公司法》及相应的《公司章程》的法定内容，不是企业可实行、可不实行的问题，而是必须要实行的一项企业最基本的制度。

第二，推行全面预算管理是国内外成功企业的成功经验，世界上的大企业、强企业都在推行全面预算管理；国务院国有资产监督管理委员会、财政部也都颁布文件要求企业推行全面预算管理。推行全面预算管理既可以有效保障企业投资者的权益，又可以规范决策者、管理者的行为，维护全体员工的合法权益，提高企业的经济效益，是一件利国、利企、利民的好事。因此，推行全面预算管理是大势所趋，势在必行。

第三，全面预算管理是涉及整个企业的综合性、系统性、全局性的管理活动，它要求企业销售、生产、采购、技术等部门必须共同参与，仅仅依靠财务部门是不可能担负得起完成全面预算管理重任的。

第四，全面预算管理是标准的“一把手工程”，没有各级一把手的重视、支持和参与，全面预算管理是不可能搞好的。在国外，企业的预算委员会都是由董事长、总经理亲自挂帅，从而使全面预算管理拥有了权力方面的有效保障。

第五，全面预算管理是一项技术性很强的管理方法，它的内容包括预算编制、审批、执行、控制、核算、分析、考核、奖惩等一系列管理活动，必须从人力、物力、财力各方面给予足够的重视和支持。

只有企业各级领导真正从思想上认识到全面预算管理的重要性，才能为全面预算管理的成功实施奠定坚实的基础。

（二）全体员工的参与和配合

全面预算管理涉及企业生产经营活动的各个环节，而各个环节的工作都是由企业不同的部门和员工来分担的。就在全面预算管理中扮演的角色而言，全体员工是全面预算的具体执行者，而只有预算的具体执行者才最熟悉情况，预算编制的水平如何，如何去完成预算，他们最有发言权。所以，推行全面预算管理必须以人为本，要让企业的全体员工积极参与到预算的编制、执行和控制中来，为更好地实施全面预算管理献计献策。同时，只有让企业员工参与了预算的编制，并且得到了他们的重视和支持，预算管理才易于被广大员工接受，全面预算才有可靠的基础，才能为完成全面预算管理的任务奠定基础，进而顺利地完成企业的各项预算目标。

此外，成功地动员企业全体员工积极参与全面预算管理，也可以减少企业领导与企业员工之间由于信息不对称性而可能带来的消极和负面影响，从而有利于企业生产经营活动的顺利进行。因此，让全体员工直接或者间接地参与全面预算管理的整个过程是全面预算管理成功实施的重要前提。企业推行全面预算管理必须重视对全体员工的宣传教育和技能培训，调动全体员工自觉参与全面预算管理的积极性和主动性。

（三）高素质财会队伍的造就

造就一支思想作风好、业务素质高的财会队伍，是成功实施全面预算管理的前提和保证。尽管全面预算管理不是一项单纯的财务工作，但是，全面预算管理的核心是企业生产经营活动中的资金运动，是企业的财务管理，广大财会人员无疑是企业实施全面预算管理的主力军。因此，财会人员素质的高低直接关系到全面预算管理能否成功实施。这就要求广大财会人员必须从理论和实务两个方面努力学习、掌握全面预算管理知识，提高全面预算管理的操作技能，要在财务管理的广度、深度和力度上下工夫，全面提高自身素质。

所谓广度，即全面性。全面预算管理的综合性，要求财会人员必须树立大财务的观念，走出就“账”论“账”的狭小天地，把自己塑造成既精通财务会计，又精通经营管理的复合型人才，力求把财务管理同生产经营管理活动有机地结合起来。

所谓深度，即精细化。财务管理不能纸上谈兵，财会人员必须把财务管理落到实处，使企业的每项资源都能得到充分利用。所谓力度，即强制性。财务部门要充分利用财会信息的权威性，在编制预算、执行预算和考核预算时，做到严肃认真、雷厉风行、责任分明。唯有如此，才能发挥财会人员在全面预算管理中的主力军作用，全面预算管理才能不流于形式，取得实效。

（四）以财务管理为中心的观念的树立

企业实施全面预算管理，必须树立企业管理以财务管理为中心的观念。中国人民共和国成立以来，随着社会经济的发展和经济体制的改革，中国的企业管理经历了三次管理中心的演变，即由计划经济时期的以生产管理为中心，转变到改革开放初期的以营销管理为中心，如今已转变为市场经济条件下的以财务管理为中心。

市场经济条件下，企业经营环境复杂多变，经营风险越来越大。要确保企业的利润最大化，就必须重视财务管理的职能作用，发挥财务管理预测、决策、计划、控制、分析、考核等方面的功能。要特别强调的是，财务管理不仅是财务部门的职责；以财务管理为中心，也绝对不能理解为以财务部门为中心。企业的人财物各个方面、供产销各个环节，从科室到车间，上至总经理，下至每一名员工，人人都要树立财务管理的思想，人人都要参与财务管理，一切生产经营活动都要比较投入产出，都要追求经济效益，都要考虑财务成果，使财务管理成为企业全员的、全方位的、全过程的管理。例如，采购部门在采购活动中要货比三家，在保证采购物资质量的前提下，努力降低物资采购成本，加强财务管理；生产部门在产品制造过程中，要努力保持稳定高产，降低消耗，节约制造费用，降低产品制造成本，加强财务管理；销售部门要在产品价格合理的前提下，提高产销率，降低销售费用，提高货款回收率，杜绝呆账、坏账发生，加强财务管理；仓储部门要在保证生产所需的前提下，压缩物资库存，及时清理积压物资，盘活存量物资，节约资金占用，加强财务管理；产品开发与设计部门要在保证完成新产品开发任务和保证产品质量的同时，降低新产品设计成本，不断改进和提升加工工艺，加强财务管理；各管理部门要根据各自的职能分工和职责范围，提高工作质量、提高工作效率、努力降低各项管理费用支出，加强财务管理等。可以说，企业的一切工作都与财务管理有着密切的关系，财务目标是统帅企业一切经营活动的中心环节，企业从上到下都要围绕财务管理开展工作。只有这样，企业的全面预算管理才能真正发挥作用。

（五）财务管理机构建设的完善

企业经营活动的过程，也是资金流转的过程。确保资金均衡、有效地流动是财务管理的首要目标，也是衡量财务管理优劣的一个重要标志。因此，企业管理以财务管理为中心，而财务管理必须以资金管理为重点。实施全面预算管理，将企业资金的流转放到了十分重要的位置，企业应抓住实施全面预算管理的契机，围绕资金运动这条主线构建完善的财务运行机制。然而，目前我国大部分企业的财务管理机构不仅在部门设置上是与会计机构合二为一的，而且在职责范围上也是以会计核算职能和工作流程为主线进行职能划分的。由于财务管理的任务弹性较强，在程序与时间上要求比较灵活；而会计工作的任务刚性较强，在程序与时间上要求比较严格和规范。因此，财务与会计合二为一的管理体制也就自然而然地造成“刚性”的会计核算挤兑“弹性”的财务管理，从而导致我国企业长期以来重会计核算、轻财务管理的局面，也就导致许多人甚至有的领导干部也认为财务部门的主要职责就是记账、算账、报账和发工资。

财务管理主要是对资金运动的管理。在计划经济体制下，企业财务管理的主要任务只是按照国家财政部门核定的定额及规定的渠道取得资金，并按照规定的用途使用资金，因此财务管理作为会计工作的附加职能也是顺理成章的事情。然而，在市场经济条件下，企业必须自主筹集资金并使用资金，企业对资金运动的管理处于企业管理的中心地位，财务管理再也不是一种附加职能，而成为与会计核算既互相联系又各司其职的、并重的管理活动。资金的筹集、资金的合理配置和有效运用、经营的风险管理等事项已成为企业财务管理的主要内容。因此，实行财务与会计分离，建立相对独立的财务管理机构，不仅是企业管理以财务管理为中心的要求，也是实施全面预算管理的现实需要。也就是说，在有条件的大中型企业，可以通过全面预算管理的实施，成立专司财务管理和全面预算管理之职的财务管理部门。

（六）责权分明、奖惩挂钩的激励制度的建立

企业实行全面预算管理的重要标志是该企业的预算执行结果与奖惩制度挂钩。只有将这两者关联起来，才算真正踏上了预算管理的轨道。道理很简单，如果预算目标完成与完不成一个样，那么预算目标的分解、预算方案的编制、预算的执行就会变得异常简单。因为，不与奖惩挂钩的预算充其量也只能是仅供参考的一纸文件，企业的各个部门、每名员工是不会重视的，更不会尽全力去完成这些预算目标。因此，实施全面预算管理必须确立考评与奖惩是全面预算管理生命线的理念，按照责、权、利相统一的要求，建立健全预算激励与约束机制，明确每个岗位及员工的责任和权利，将所有的预算责任落实到相应的部门和相关的人员；要建立严格的预算考评制度，使预算的执行结果与奖惩密切相关，使严格执行预算、确保预算目标完成变为所有部门和全体员工的自觉

行动。实践证明，企业只有以预算目标为起点，以预算考评为终点，才能真正发挥全面预算管理的功效。另外，全面预算管理的效果与它在业绩评价中的作用是息息相关的。传统的绩效考评多采用与上年同期进行比较的办法，这种办法往往忽略了许多不可比因素，造成考评结果不甚合理，不利于调动全体员工的积极性。推行全面预算管理后，要以预算的各项指标作为绩效考评的依据。这样，既可以避免传统绩效考评的弊端，又可以有效提高各部门及全体员工对全面预算管理的重视程度，进而使全面预算管理取得预期的效果。

二、实施全面预算管理的基础工作

基础工作是指企业为实现经营目标和履行管理职能而提供资料依据、共同准则、基本手段和前提条件的必不可少的各项最基本的工作，主要包括原始记录、定额工作、计划价格、计量工作、标准化工作、信息工作、规章制度和员工培训等项内容。它是专业管理工作中最基础的部分，基础工作的好坏直接影响企业各项经营活动的绩效，影响整个企业管理水平的高低。实施全面预算管理，能够实现对企业生产经营活动的有效计划和控制，极大地提高企业的管理水平和经济效益。然而，要真正发挥全面预算管理的效能，还必须加强企业管理的各项基础工作。

在预算的编制过程中，需要各类定额指标、价格数据和企业内外部的信息资料，如果企业不能提供这些基本的数据和资料，或者不能保证提供准确而有效的信息资料，预算的编制将无法进行；在预算的执行过程中，需要进行计量、结算和核算，如果缺乏必要的计量工具、结算手段和核算方法，预算的执行过程将难以有效监控；在预算的分析、考评、奖惩过程中，涉及大量的反馈资料和信息传递，如果企业信息失真、反馈失灵，整个预算管理将无法运行。可见，全面预算管理的整个实施过程都与企业管理的基础工作密切相关。

（一）原始记录

原始记录是用以记载经济业务和完成情况的书面证明，它能及时反映生产经营经济活动的原始状态，是核算、监控和考核经济活动的重要依据，是编制预算和分析预算执行情况的重要资料，也是核算企业经营成果的重要依据。涉及全面预算管理的原始记录主要包括如下内容：

（1）有关反映企业物资采购情况的原始记录，如“采购审批单”、“物资采购台账”等；

（2）有关反映企业物资、产成品收付存情况的原始记录，如“材料入库单”、“材料出库单”、“产品入库单”等；

（3）有关反映企业产品生产情况的原始记录，如“生产任务通知单”、“产品质量检验单”、“产品生产工时记录单”等；

（4）有关反映企业产品销售情况的原始记录，如“销售开票通知单”、“产品发货通知单”、“客户往来台账”等；

（5）有关反映企业会计核算情况的原始记录，如“材料消耗汇总表”、“产品成本计算单”、“折旧计提分配单”等；

（6）有关反映企业其他经营活动情况的原始记录，如“固定资产调拨单”、“工资单”等。

原始记录的基本要求有三个：一是全面完整，企业所有的经营活动都要有原始记录；二是真实可靠，原始记录的内容反映经营活动的本来面目，不得弄虚作假、肆意杜撰；三是序时及时，原始记录要按业务发生的先后顺序及时记载，一项经济业务发生后，要立即填制原始凭证并及时传递，做到不积压、不拖延、不事后补制。

企业要做好原始记录工作，首先，要依靠全体员工，实行专业管理与员工管理相结合；其次，企业要统一原始记录的格式、种类、填制方法和传递程序，避免各部门自行其是，各搞一套；最后，必须建立健全原始记录的编制、审核、传递、档案、交接等责任制度，使每张原始记录、原始凭证都有专人负责。

原始记录责任人要负担起如下责任：①按原始记录的各项内容逐一如实填写，不能遗漏；②对各项经济业务发生情况及时做好记录；③所有记录的数据必须如实反映，计算准确，不得弄虚作假；④需要进行连续记录的数据，其记录应当连续；⑤原始记录的内容要字迹端正、书写清楚；⑥做好原始记录的签署、传递、汇集和保管工作。

（二）定额工作

定额工作是指对各种消耗、费用、资金等定额的制订、执行和管理工作。它是经营预测、决策、计划、核算、分析、考核、分配的重要依据，是推行全面预算管理所必须完善的基础工作。因为定额是在一定的生产技术和生产组织条件下，在充分考虑人的主观能动性的基础上，对人力、物力、财力的配置、利用、消耗等方面所确定的标准，是核算的基础、计划的依据、管理的手段、控制的工具，所以，定额工作不仅是全面预算管理的基础工作，而且也是生产、计划、会计、技术、劳动、物资管理乃至整个企业的基础工作。

1. 定额工作的重要作用

搞好定额工作，对于企业来说至少有以下三个方面的重要作用：

（1）定额工作是推行全面预算管理的前提条件之一，很多预算指标的制订，就是按照工作量乘以定额确定的。如果企业没有制订消耗定额、工资定额、费用定额等一系列基本定额，全面预算是没法编制的。

（2）定额工作是对生产经营活动进行有效预测、控制和组织的工具。企业编制生产经营计划、组织物资采购、产品生产、产品销售，控制成本费用都需要以定额为基本依据，从而实现企业供应、生产、销售全过程的科学化、系统化管理。

（3）定额工作是评价各部门以及每名员工工作业绩的标准和依据。通过制订先进合理的各项定额，并通过经济责任制的形式层层落实到企业内部各部门及全体员工，可以有效调动各部门、员工的工作积极性，使定额成为企业控制生产费用支出、实现降低成本费用的具体目标和提高经济效益的重要手段。

2. 定额的种类

定额的种类很多，涉及全面预算管理的主要有以下五种：

（1）劳动定额。它指有关人力资源消耗或占用方面的定额，如定员定额、劳动生产率定额、工时定额、工资定额、服务定额等。

（2）生产及设备定额。它指有关生产能力及机器设备利用或占用方面的定额，如产量定额、设备利用率定额、生产能力利用定额、台时定额等。

（3）物资定额。它指有关材料消耗或占用方面的定额，如材料消耗定额、工具领用定额、物资储备定额等。

（4）资金定额。它指有关流动资金占用方面的定额，如储备资金定额、生产资金定额、产成品资金定额、货币资金定额等。

（5）费用定额。它指有关制造费用和期间费用耗费方面的定额，如制造费用定额、管理费用定额、销售费用定额和财务费用定额等。

用来编制预算的定额也称作预算定额；预算定额体系是指由一系列预算定额组成的相互联系、相互补充的有机整体。

3. 定额工作的要求

搞好定额工作，主要应做好以下四个方面的工作：

（1）落实责任，建立健全定额管理制度。各项定额的制订、执行、分析、考核和修改要做到制度化。企业要建立定额管理归口负责制度，做到企业的各项定额有人负责，职责分明。一般情况下，定额的制订、修改可采取归口管理部门牵头、相关部门配合的办法。例如，企业定额归口负责制度中应明确规定：劳动定额由人力资源管理部门牵头负责，生产、技术、财务等部门配合；生产及设备定额由技术部门牵头负责，生产、设备、质量、财务等部门配合；物资定额由生产部门牵头负责，财务、采购、物管、技术等部门配合；费用定额由财务部门牵头负责，其他相关部门配合；资金定额由财务部门牵头负责，采购、物管、生产等相关部门配合等。

（2）切实可行，制订先进合理的各项定额。制订定额的基本要求是要做到“全、快、准”。“全”是范围上的要求，即要求凡是需要制订定额的供、产、销各个环节，人、财、物各个方面都要制订定额。“快”是时间上的要求，即要求定额的制订要简便易行、迅速及时。例如，新产品投产时，技术工艺部门必须将新产品的消耗定额资料一并向生产、财务、物管等部门移交。“准”是质量上的要求，即要求定额水平要先进合理，制订的定额要在已经达到的实际水平的基础上有所提高，是在正常生产技术组织条件下，经过努力可以达到的水平。

（3）持之以恒，搞好定额的贯彻执行。定额制订后，必须认真贯彻执行。只有这样，才能发挥定额在企业管理中的重要作用。为此，企业必须实施一切必要的生产技术组织措施，为实施和完成定额提供必需的前提条件。同时，要加强各种定额执行情况的核算、检查、考核和分析工作，并将定额的执行结果与各个部门及每名员工的物质利益挂起钩来，以促进各项定额的贯彻执行。

（4）动态管理，及时修订各项定额。由于定额是在一定条件下生产技术和管理水平的客观反映，因此，为了保持定额的科学性、先进性和合理性，必须随着生产发展、技术进步、管理水平的提高和劳动生产率的提高而及时修订定额，使之与现实情况相适应。在通常情况下，企业每年可结合年度预算编制或清仓盘点等工作对各项定额全面审查、修改一次，个别波动大的定额应不定期地及时修订，从而为全面预算的编制提供科学、合理的编制依据。

（三）计量工作

计量工作是指对生产经营活动中有关物资所进行的计量、检定、测试、化验、分析等方面的技术和管理工作。它主要是运用科学的方法和手段，从数量和质量两个方面反映、测定企业的生产经营活动状况，为企业的生产经营活动和会计核算提供准确的根据。可以说，企业会计核算和统计工作所获数据资料的准确性在很大程度上取决于计量工作情况。显然，如果没有准确的计量，就不可能提供准确的数据，也就无法据以准确地进行各项管理工作，更不可能使全面预算管理发挥应有的效能。另外，企业生产经营活动中，所需物资的质量、数量、规格、型号是否合乎规定的技术要求，是关系到产品质量、安全生产、经济效益和企业生存的大问题。因此，计量工作必须引起各企业的高度重视，把计量工作纳入制度化、规范化、科学化的范畴。企业完善和加强计量工作，主要应抓好以下三个方面的工作：

一是完善计量制度，配备计量人员。计量制度主要包括计量标准、计量范围、计量手段、计量人员、计量程序和计量工作责任制等方面的内容。要根据企业规模的大小、业务的繁简，设立计量部门，配备计量人员，负责管理企业内部的各种计量器具和开展计量工作。

二是充实计量器具，严格计量范围。企业生产经营各个环节的计量器具必须配备齐全，特别是有些企业缺乏水、电、风、汽计量器具的状况必须改变。凡属材料物资的购进、领用、退回和产成品的入库、出售都要进行严格的检测、计量；对在产品、半成品的内部转移也要进行严格的检测、计量；对水、电、风、汽等物资的内部耗用，要有总表和分表的精确记载。

三是做好计量器具的检查、维修工作。计量器具在启用前要严格检查，不合格的不得使用。对于在用的计量器具，要经常维护和定期检修、校正和检定，以提高计量器具的完好率和保证计量结果的准确性。

（四）标准化工作

标准化工作是指对生产经营活动各项标准的制订、执行和管理工作。它是促使企业的生产、经营、技术以及各项管理工作达到科学化、规范化、制度化和高效化的重要措施，是管理现代企业，搞好分工协作，促进经济、技术发展的重要手段。加强标准化工作，使企业的生产经营活动接受科学标准的约束，不仅有利于建立良好的生产经营活动秩序，保证产品质量，提高工作效率，增加经济效益，而且有利于全面预算管理方法的推广和应用。

1. 技术标准

技术标准是对生产经营活动中有关质量、规格、结构以及检验方法等技术事项做出的统一规定，是进行生产技术活动的依据。它是根据不同时期的科学技术水平和实践经验，针对具有普遍性和重复性的事项提出的最佳解决方案。根据其不同的性质和作用范围可分为国际标准、区域标准、国家标准、行业标准、地方标准和企业标准。只有推行技术标准化，才能把规模庞大、分工精细的现代企业生产中分散的、不同的生产部门和生产环节互相协调、衔接起来，使之成为一个有机联系的整体。

2. 管理标准

管理标准是企业为了合理组织生产经营活动，便于各级机构有效地行使管理职能，对重复性的管理工作、任务、程序、内容、方法、要求和考核奖惩办法等管理事项做出的统一规定，是科学组织、管理生产经营活动的依据。推行管理标准化，有利于实现各项管理工作的数据化、条理化和规范化，既便于科学地安排和开展工作，又便于检查、考核和控制管理活动，促进工作质量和管理水平的不断提高，为推行全面预算管理铺平道路。

加强标准化工作，需要抓好以下三个方面的工作：一是及时做好企业各项标准的制订、执行、检查和修订工作；二是认真组织和贯彻执行各项标准，保证产品质量和工作质量符合或高于国家规定的各项标准；三是积极扩大企业内部标准化的工作范围，为管理规范化、现代化创造良好的工作环境。

第四节　全面预算的编制方法解读

一、固定预算法

固定预算法又称静态预算法，是以预算期内某一固定业务量（如产品产量、销售量）水平为基础，来确定相应预算指标的预算编制方法。固定预算法是编制预算最基本的方法，按固定预算法编制的预算称作固定预算。

（一）固定预算法的优缺点

1. 优点

固定预算法的优点是简便易行，直观明了。

2. 缺点

（1）适应性差。固定预算法仅适用于预算业务量与实际业务量变化不大的预算项目。

（2）可比性差。当实际业务量偏离预算编制所依据的业务量时，采用固定预算法编制的预算就失去了其编制的基础，有关预算指标的实际数与预算数也会因业务量基础不全面而失去可比性。

（二）固定预算法的适用范围

（1）经营业务和产品产销量比较稳定的企业；

（2）能准确预测产品需求及产品成本的企业；

（3）企业经营管理活动中的某些相对固定的成本费用支出；

（4）社会非营利性组织。

二、弹性预算法

（一）弹性预算法概念

弹性预算法又称动态预算法、变动预算法，是以预算期内可能发生的多种业务量水平为基础，分别确定多种预算指标的预算编制方法。

用弹性预算法编制的预算称为弹性预算，弹性预算法是在固定预算法的基础上发展起来的一种预算编制方法。因为固定预算法是企业根据某一固定业务量水平编制预算的方法，其编制的预算指标具有唯一性，这样一旦预算期内的实际业务量水平与原先预计的业务量水平不一致且相差比较大，预算指标就不能成为规划、控制和客观评价企业及职能部门经济活动与工作业绩的工具。弹性预算法恰好弥补了固定预算法的这一缺陷，它是根据预算期内可预见的业务量水平，分别编制相应预算指标的方法，即弹性预算法不仅适用于一个业务量水平下的预算编制，也适用于多种业务量水平下的一组预算及随着业务量变化而变化的项目预算编制。①

由于弹性预算可以随着业务量的变化而反映各该业务量水平下的支出控制数，具有一定的伸缩性，因而称为“弹性预算”；又由于弹性预算是随业务量的变动而做相应调整，考虑了预算期内业务量可能发生的多种变化，故又称作变动预算；还由于弹性预算的业务量和预算指标都是呈运动变化状态，所以又称作动态预算。

（二）弹性预算法的优缺点

1. 弹性预算法的优点

（1）适应性强。弹性预算是按预算期内一系列业务量水平编制的，从而有效扩大了预算的适用范围，提高了预算的适应性。

（2）可比性强。由于弹性预算是按多种业务量水平编制的，这就为实际结果与预算指标的对比提供了一个动态的、可比的基础，使任何实际业务量都可以找到相同或相近的预算标准，从而使预算能够更好地履行其在控制依据和评价标准两方面的职能。

① 黄建东 . 企业集团预算管理研究 [J]. 中国商论，2019，（9）：121-122.

2. 弹性预算法的缺点

相对于固定预算法而言，弹性预算法的预算编制工作量较大。

（三）弹性预算法的适用范围

（1）变动性成本费用预算编制；

（2）变动性利润预算编制；

（3）其他与业务量水平变动有关的预算编制。

（四）弹性预算法编制预算的基本步骤

（1）选择恰当的业务量。例如，产销量、材料消耗量、直接人工小时、机器工时和价格等。

（2）确定适用的业务量范围。弹性预算法所确定的业务量范围，必须具有相关性，不能脱离实际。一般而言，可定在正常业务量水平的70%～110%，或者以历史上最高业务量和最低业务量为其范围的上下限。

（3）分析各项成本费用项目的成本习性，将其划分为变动成本和固定成本。

（4）研究、确定各经济变量之间的数量关系。

（5）根据各经济变量之间的数量关系，计算、确定在不同业务量水平下的预算数额。

（五）弹性预算法的应用方法

弹性预算法主要有列表法和公式法两种应用方法。

1. 列表法

列表法也叫多水平法，它是在确定的业务量范围内，按照一定的业务量标准，划分若干个不同的水平，然后分别计算各项预算数额，汇总列入一个预算表格中的方法。

在应用列表法时，业务量之间的间隔应根据实际情况确定。间隔越大，水平级别就越少，可简化编制工作，但间隔太大了就会丧失弹性预算的优点；间隔较小，用以控制成本费用的标准就较为准确，但又会增加编制预算的工作量。一般情况下，业务量的间隔以5%～10%为宜。

列表法的优点是：不管实际业务量是多少，不必经过计算即可找到与业务量相近的预算数额，用以较为方便、直观地控制成本。但是，由于预算的实际执行结果不可能与预算标准完全一致，因此，运用列表法评价和考核实际业绩时，往往需要使用插补法来计算实际业务量的预算标准，计算过程比较麻烦。

2. 公式法

公式法是按照成本费用的线性公式 $y=a+bX$ 来代表一定业务范围内的预算数额的方法。其中 y 代表总成本，a 代表固定成本，b 代表单位变动成本，X 代表业务量。在公式法下，如果事先确定了业务量 X 的变动范围，只要列示出 a 和 b 的参数，便可利用公式计算任一业务量水平下的预算数值。

公式法的优点是可以计算出任何业务量的预算数值。但是，由于任何事物都会有一个从量变到质变的过程，当业务量变化到一定限度时，代表固定成本的 a 和代表单位变动成本的 b 就会发生变化，因此，采用公式法编制预算时，需要在“备注”中说明：在不同的业务量范围内，应该采用不同的固定成本（a）数值和单位变动成本（b）数值。

利用公式法编制预算的关键是对各项成本、费用进行习性分析，找出各项成本费用的固定成本和单位变动成本，预算表格中需要注明线性公式和相应的 a、b 数值。

三、增量预算法与零基预算法

（一）增量预算法

增量预算法又称调整预算法，是在基期水平的基础上，分析预算期业务量水平及有关影响因素的变动情况，通过调整有关基期项目及数额编制预算的方法。用增量预算法编制的预算叫增量预算。

增量预算法的显著特点是：从基期实际水平出发，对预算期的业务活动预测一个变动量，然后按比例测算收入和支出指标。也就是说，根据业务活动的增减对基期预算的实际发生额进行增减调整，确定预算期的收支预算指标。

1. 增量预算法的假定前提

（1）基期的各项经济活动是企业所必需的。

（2）基期的各项业务收支都是合理的、必需的。

（3）预算期内根据业务量变动增加或减少预算指标是合理的。

2. 增量预算法的优点

（1）简便易行。增量预算法的编制方法简便，容易操作。

（2）便于理解、易于认同。由于增量预算法考虑了基期预算的实际执行情况，所编制的预算易于得到企业各层级领导、员工的理解和认同。

3. 增量预算法的缺点

（1）预算理念保守。增量预算法假定上年度的经济业务活动在新的预算期内仍然发生，而且过去发生的数额都是合理的、必需的，如此不加分析地接受原有的成本项目和数额，可能导致保护落后，使某些不合理的开支合理化。

（2）预算结果消极。增量预算法容易使预算部门养成“等、靠、要”的惰性思维，滋长预算分配中的平均主义和简单化，不利于调动各部门增收节支的积极性；当预算期的情况发生变化时，因为预算数额受到基期不合理因素的干扰，可能导致预算指标不准确，不利于调动各部门完成预算目标的积极性。

（二）零基预算法

零基预算法又称零底预算法，其全称为“以零为基础编制计划和预算的方法”，是指在编制预算时，不受上期预算项目和收支情况的约束，以零为基点编制预算的方法。零基预算法的基本特征是不受上期预算安排和预算执行情况的影响，一切预算收支均以“零”为出发点，都建立在成本—效益分析的基础上，根据实际需要和可能来编制预算。用零基预算法编制的预算称为零基预算。

采用零基预算法编制预算时，要按照预算期内应该达到的经营目标和工作内容，根据经济活动本身的重要性、合理性测算收入支出，对所有预算项目重新进行详尽的审查、分析和测算；要从实际需要与可能出发，逐项审议各项费用的内容及开支标准是否合理，并在成本—效益分析的基础上，排出各项经济活动的先后次序，据此决定资金和其他资源的分配。

1. 零基预算法的特点

与传统的增量预算法相比，零基预算法有以下三个特点：

（1）预算的编制基础不同。增量预算法的编制基础是上期预算的执行结果，本期预算是在上期预算执行结果的基础上通过调整确定的；零基预算法的编制基础是零，本期预算是根据本期经济活动的重要性和可供分配的资金量确定的。

（2）预算编制分析的对象不同。增量预算法重点是对新增加的经济业务活动进行成本—效益分析，对上期延续下来的性质相同的经济业务活动则不做分析研究；零基预算法需要对预算期内所有的经济业务活动进行成本—效益分析。

（3）预算的着眼点不同。增量预算法主要以预算金额的高低为重点，着重从货币角度控制预算金额的增减；零基预算法除重视预算金额高低外，主要是从经济业务活动的必要性和重要程度上来决定资金的分配。

2. 零基预算法的应用步骤

（1）提出预算目标。在正式编制预算之前，企业预算管理部门要根据企业的战略规划和经营目标，综合考虑各种资源条件，提出预算构想和预算目标，规范各预算部门的预算行为。

（2）确定部门预算目标。企业各部门根据企业的总体目标和本部门的具体目标，以零为基础，提出本部门在预算期内为完成预算目标需要发生哪些预算项目，并详细说明每个预算项目开支的性质、内容、用途、金额以及开支的必要性。

（3）进行成本—效益分析。企业预算管理部门对各部门提报的预算项目首先进行成本—效益分析，将其投入与产出进行对比，说明每项费用开支后将会给企业带来什么影响；然后，在权衡轻重缓急的基础上，将各个费用开支项目分成若干个层次，排出先后顺序和重要性程度，归纳为确保开支项目和可适当调减项目两大类。

（4）分配资金，落实预算。根据预算项目的排列顺序，对预算期内可动用的资金进行合理安排，首先满足确保开支项目，剩余的资金再以成本—效益之比为权数，并结合重要性程度进行分配，做到保证重点，兼顾一般。

（5）编制并执行预算。资金分配方案确定以后，企业要对各部门的预算草案进行审核、汇总，编制正式预算，经批准后下达执行。

3. 零基预算法的优点

（1）有利于合理配置企业资源，确保重点、兼顾一般。由于每项业务活动都通过成本—效益分析，都进行分析计算，所以，能够使企业有限的资源运用到最需要的地方，提高全部资源的使用效率。

（2）有利于提高全员的“投入—产出”意识。由于零基预算法是以“零”为起点观察和分析企业所有业务活动，并且不考虑过去的业务支出水平，所以，需要动员企业的全体员工参与预算编制，使得各项业务活动从投入开始就杜绝或减少浪费，提高产出水平，有效提高全员投入产出意识。

（3）有利于发挥全员参与预算编制的积极性和创造性。零基预算法采用了典型的先“自下而上”，后“自上而下”，再“上下结合”式的预算编制程序，充分体现了群策群力和从严从细的精神，有着坚实的员工基础，既有利于发挥全员参与预算编制的积极性和创造性，又有利于预算的贯彻执行。

4. 零基预算法的缺点

（1）工作量大、费用较高。由于零基预算法要求一切支出均以零为起点，需要进行历史资料、现有情况和投入产出分析，因此，编制预算的工作相当繁重，需要花费大量的人力、物力和时间，预算成本较高，编制预算的时间也较长。

（2）主观意识较强、短期行为性较重。因为任何项目的“轻重缓急”都是相对的，所以，零基预算法在对费用项目进行分层、排序和资金分配时，极易受主观意识的影响，并易于强调短期项目和当前利益，忽视长期项目和长远利益。

对于具有明显投入产出关系的产品制造活动则不适合用零基预算法。零基预算法作为一种预算控制思想，它的核心是要求预算编制人员不要盲目接受过去的预算支出结构和规模，一切都应按照变化后的实际情况重新予以考虑。

应该指出的是：在实务中，简单地将零基预算法理解为“一切从零开始”是不恰当。因为，大多数情况下，预算项目是在以往基础上的继续运行或持续发展，完全不考虑或抛开上期的实际发生额是不科学的。零基预算法强调的是以零为起点进行分析、测算。零基预算法的真正内涵是：在对预算期内所有预算项目都进行严格审核、分析、测算、比较、评估的基础上编制预算。

第六章

企业预算管理的多元化探索

企业预算管理的多元化探索在企业财务与预算管理中是十分重要的一部分。多元化的探索可以使企业的预算管理不断地提高经济实力与经济效益。本章主要围绕企业经营预算管理、企业投资预算管理、企业财务预算管理这三部分内容进行分析。

第一节　企业经营预算管理

在市场经济条件下，企业的生产经营活动一般都是“以销定产”的，与此相适应，经营预算编制也往往是以销售预算的编制为起点。各项预算编制要根据企业的预算编制方针和预算目标，遵循科学的原则，按照一定的编制程序和方法进行。其中，在编制方法上，可以根据不同的预算项目，分别采用固定预算、弹性预算、滚动预算、零基预算、概率预算等方法进行编制；在编制责任单位的划分上，应采取与企业组织结构相一致的划分方法，以便于预算的执行、考核和责任落实。①

一、经营预算的任务和方法

经营预算也称作业务预算、营业预算，是预算期内企业日常生产经营活动

① 王繁强 . 现代企业财务预算管理方法的创新研究 [J]. 中国商论，2019，（11）：109–110.

的预算，主要包括销售预算、生产预算、供应预算等生产经营活动预算。

从事生产经营活动是企业的基本特征和内容，因此，经营预算是企业全面预算的主体。就预算种类、数量和编制工作量而言，经营预算一般要占全部预算的80%左右。经营预算在全面预算中的重要性不言而喻。

（一）经营预算编制的任务

企业是以营利为目的独立从事生产经营活动的经济组织。工业企业的生产经营活动一般可分为供应、生产、销售三大环节，通过供应环节采购生产所需的材料物资，通过生产环节生产市场上需要的产品，通过销售环节将产品推向市场，在满足社会需要的同时以收抵支获得利润。因此，经营预算编制的基本任务如下：

（1）贯彻落实企业年度经营目标。企业年度经营目标的主要内容是销售收入目标和利润总额目标。要将经营目标由目标变为现实，一个很重要的环节就是通过编制经营预算将经营目标一一细化和落实。

（2）规划安排企业年度生产经营活动。通过编制经营预算将预算期内企业生产经营活动各个环节所需投入的人力、物力、财力，以及销售环节获得的营业收入，全部通过预算的方式进行统筹规划、全面安排。

（3）优化资源配置，提高经济效益。通过编制经营预算将企业的资金流、实物流、业务流、信息流、人力流等进行科学梳理、连接与整合，将企业有限的资源协调分配到能够提高经营效率、经营效果的业务活动中去，通过优化资源配置，提高经济效益，确保企业经营目标的实现。

（二）经营预算编制的基本方法

经营预算是全面预算编制的起点。在市场经济条件下，企业的生产经营活动一般都是“以销定产”的。与此相适应，编制经营预算要根据公司董事会及预算管理委员会提出的预算编制方针、编制政策和预算目标，以基期生产经营的实际状况为基础，综合考虑经济政策变动、市场竞争状况、产品竞争能力等因素，遵循科学合理、切实可行的原则，按照一定的编制程序和方法进行。[①]基本方法如下：

---

① 张长胜．企业全面预算管理（第2版）[M]. 北京：北京大学出版社，2013.

1. 按照基本顺序编制

按照先销售预算、再生产预算、后供应预算的基本顺序编制经营预算。适应企业“以销定产”的需要，经营预算的编制一般以销售预算为起点，然后根据销售数量和库存产品的结存情况安排生产预算，最后编制保证生产活动顺利进行的各项资源供应和配置预算。但是，对于“以产定销”的企业来说，经营预算编制的起点一般是生产预算，然后“以产定销”安排供应预算和销售预算。

2. 按照基本程序编制

按照上下结合、分级编制、逐级汇总的基本程序编制经营预算。经营预算的内容涉及企业生产经营活动的方方面面，是企业预算期内从事销售活动、生产活动、采购活动、财务活动等生产经营活动的依据和指南。要提高经营预算的执行力，提高经营预算的可行性是关键。而要提高经营预算的可行性，就必须让经营预算具有广泛的群众基础。因此，编制经营预算必须遵循从基层来、到基层去的方针，严格履行自上而下、自下而上、上下结合、分级编制、逐级汇总的基本程序。

3. 按照基本步骤编制

按照先归集、再计算、后编制的基本步骤编制经营预算。全面预算的种类有很多，但编制的基本步骤大致相同，可分为三大步：

第一步，收集基础资料。预算编制是否顺利，关键要看基础资料的准备是否充分和翔实，要针对预算项目的构成要素、影响因素、编制依据、编制要求等事项，有的放矢地归集、整理有关信息数据等基础资料。

第二步，计算预算指标。数字量化是预算的基本特征之一，通过计算确定预算指标是编制预算的基本环节。因此，要根据预算指标构成要素之间的逻辑关系，运用有关公式对收集到的基础资料进行加工、整理，反复测算、计算，核定出科学合理、切实可行的预算指标。

第三步，编制预算草案。在预算指标计算并确认结果无误的基础上，通过归纳、汇总，按照特定的格式要求编制各种预算草案。

4. 采用技术方法编制

采用恰当的技术方法编制经营预算。编制预算的技术方法有很多，每种技术方法都有其优缺点和适用范围。编制人员要本着遵循经济活动规律，充分考虑符合企业自身经济业务特点、基础数据管理水平、生产经营周期和管理需要的原则，针对不同的预算项目和预算内容，选择或综合运用固定预算、弹性预算、滚动预算、零基预算、概率预算等方法编制经营预算。

5. 按照内部组织架构落实预算编制责任

编制经营预算，落实编制责任是关键。按照“谁执行预算，谁就编制预算”的基本原则，应采取与企业内部组织架构相一致的划分方法落实预算编制责任，各部门负责人是预算编制的第一责任人。这种安排不仅有利于预算编制的顺利进行，也有利于预算的执行、控制、核算、考核和责任落实。

6. 将预算项目划分为付现项目与非付现项目

全面预算涉及的预算项目包罗万象，以是否在预算期内支付现金分类，可以将其划分为付现项目与非付现项目两大类。付现项目也称“现金支出项目”，是指在预算期内需要支付现金的预算项目；非付现项目也称“非现金支出项目”，是指在预算期内不需要支付现金的预算项目。划分付现项目与非付现项目的目的是汇总编制预算期的现金收支预算。因此，在编制的各类预算中，凡是需要在预算期内支付现金的预算项目，都要将其汇总起来，单独设“付现项目”栏次予以列明；凡是没有设“付现项目”栏次的各类预算，一律视为在预算期内没有现金支付需要的预算项目。

二、销售预算的编制

（一）销售预算概述

销售预算是预算期内企业销售产品或提供劳务等销售活动的预算，主要依据年度经营目标、预测的市场销量或劳务需求、企业自身的产品生产能力与结构、预计市场价格等因素编制。在市场经济条件下，绝大多数企业需要根据产品在市场上的销售量来决定产品的生产量，然后根据产品生产量确定材料、人工、资金的需用量和各种费用的支出额。也就是说，企业的生产预算、人力资源预算、供应预算等经营预算都要受销售预算的制约。因此，销售预算是大多数企业编制全面预算的起点，也是编制其他经营预算的基础。

（二）销售预算的编制责任

销售预算的执行者是销售部门，按照让执行者参与预算编制的原则，销售部门理应是编制销售预算的主体。由于销售预算的编制直接关系到企业生产、采购、资金、费用的安排以及企业战略规划和经营目标的实现，因此，与企业销售活动相关的部门和人员都应参与销售预算的编制、审议与对接。其中，财务部门、生产部门、采购部门和储运部门是销售预算编制、审议、对接的主要力量，涉及成本方面的销售预算还需要以财务部门为主进行编制。

（三）销售预算的内容

销售预算包括发货数量预算、销售收入预算、应收账款预算、销售成本预算、销售费用预算和销售毛利预算等销售活动的预算。其中，销售费用预算归类到期间费用预算中讲解。

1. 发货数量预算

发货数量预算是预算期内企业向客户交付产品品种和数量的预算，主要内容包括客户名称、产品名称、规格型号、销售价格、发货数量和发货时间，反映了预算期内企业产品的发货规模。

2. 销售收入预算

销售收入预算是预算期内企业销售产品或提供劳务获得收入的预算，主要内容包括销售项目、销售数量、销售单价和销售收入，反映了预算期内企业的经营规模。

3. 应收账款预算

应收账款预算是预算期内企业应收账款发生额、回收额及其期初、期末余额的预算，主要内容包括客户名称、业务内容、期初余额、本期增加额、本期回收额、期末余额和货款回收的时间，反映了预算期内企业因销售活动而发生的应收账款增减变动和货款回收情况。

4. 销售成本预算

销售成本预算是预算期内企业销售产品或提供劳务付出成本的预算，主要内容包括销售项目、销售数量、销售单位成本和销售总成本，反映了预算期内企业的销售成本水平。

5. 销售毛利预算

销售毛利预算是预算期内企业销售收入减去销售成本后所剩余额的预算，主要内容包括销售项目、销售收入、销售成本和销售收入减去销售成本的余额。销售毛利是商业企业的一项重要指标，是商品销售收入扣除销售商品进价后的余额，又称商品进销差价。因其尚未减去商品流通费、税金和其他支出，还不是净利，故称销售毛利，反映了预算期内企业销售产品的差价及盈利水平。目前工业企业也普遍采用销售毛利的概念。

三、供应预算

供应预算是预算期内企业采购物资、储备物资、供应物资、储备和供应产品等一系列供应活动的预算。供应活动既是企业为生产活动采购物资、储备物资的准备阶段，也是企业为销售活动储备产品、供应产品的阶段。在供应活动中，企业用货币资金购买材料等各种物资，经过储存、备货、配送等一系列物流过程到达生产过程被产品生产活动消耗使用；材料、物资经过加工而改变其原有形态，它们或构成产品实体的一部分，或被消耗掉而有助于生产活动的进行，最终生产出来的产品又回到仓库储存，以保证产品销售活动的进行。

供应预算对于组织供应活动，保证生产活动、销售活动的顺利进行具有十分重要的作用，是企业预算期内采购、供应物资，控制采购成本，储备、供应产品，考核供应活动工作业绩的主要依据。

供应预算编制的主要依据是生产预算、销售预算所确定的产品产量、材料物资耗用量、产品销售量、预算价格、库存定额、材料物资供求关系等供应活动自身的特点，以及预算编制大纲和企业管理要求。

（一）供应预算的编制责任

供应预算的执行者是采购、仓储和销售部门，因此，采购、仓储和销售部门是供应预算编制的主体。由于企业的供应活动与生产活动、财务活动密不可分，生产部门和财务部门也是供应预算编制的参与者。

（二）供应预算内容

供应预算涉及材料物资采购、材料物资储备和产品储备三个方面，具体包括产品存货预算、材料存货预算、采购预算、应付账款预算等与供应活动有关的预算。

1. 产品存货预算

产品存货预算是预算期内企业各种库存产品增加、减少及期初、期末余额的预算，主要内容是产品名称、期初余额、本期增加额、本期减少额、期末余额等，反映了预算期内企业各类产品存货的增减量和结存量。

2. 材料存货预算

材料存货预算是预算期内企业各种库存材料增加、减少及期初、期末余额的预算，主要内容是材料名称、期初余额、本期增加额、本期减少额、期末余额等，反映了预算期内企业各类材料存货的增减量和结存量。

3. 采购预算

采购预算是预算期内企业采购生产经营活动所需材料、物资种类、数量和价值的预算，主要内容是采购物资名称、计量单位、采购数量、采购单价、采购金额和采购时间等项目，反映了预算期内企业材料物资采购活动的总体安排。

4. 应付账款预算

应付账款预算是预算期内企业应付账款发生额、付款额及其期初、期末余额的预算，主要内容是供应商名称、业务内容、应付账款的增加、付款、结存等项目，反映了预算期内企业因采购活动而发生的应付账款增减变动和货款支付情况。

（三）供应预算的编制程序

在以销定产的情况下，企业是按照销售—生产—供应的顺序安排生产经营活动的。由于受产品库存量、材料库存量的增减变动的影响，销售预算、生产预算、供应预算的编制需要交叉进行。一般情况下，销、产、供预算的编制顺序是：首先编制销售量预算，然后编制产品存货预算，再编制生产量预算、在产品预算和材料消耗量预算，最后编制材料存货预算、采购预算和应付账款预算。同时，供应预算还要在资金价值和供应时间上与销售预算、生产预算、现金预算衔接起来，保障销售活动和生产活动的顺利进行。供应预算的具体编制程序如下：

1. 编制产品存货预算

仓储部门根据产品发货数量预算或销售数量预算，结合核定的产品库存定额，安排预算期内产品库存的期初期末结存量、本期入库及出库量。

2. 编制材料存货预算

仓储部门根据直接材料预算和其他物资预算中安排的各种材料物资耗用种类及数量，结合核定的材料物资库存定额，安排预算期内各种材料物资库存的期初期末结存量、本期入库及出库量。

3. 编制采购预算

采购部门根据材料存货预算中安排的预算期材料物资入库品种和数量，结合对材料采购价格及物资供应的市场调查情况，安排预算期内企业各种材料物资的采购数量、采购成本和采购时间。

4. 编制应付账款预算

采购部门以采购预算、付款政策、应付账款期初余额等资料为依据，测算、安排预算期内企业应付账款增减变动和货款支付情况。

（四）存货供应的决策与规划

企业通过合理组织材料及产成品的供应活动，满足公司生产活动、销售活动在时间、空间、数量、品种等方面对材料及产成品的需要，是保证企业生产经营活动持续进行的必要条件。任何企业的生产经营活动都表现为存货的流入、转化和流出的过程，如果某一环节不能及时获取所需的存货，企业的生产经营活动就将被中断。因此，企业只有保持一定数量的存货，才能应对市场变化、保证企业生产经营活动的正常进行和产品销售活动的畅通。但是，要保持一定数量的存货就必然要占用一定数目的资金，形成机会成本。因此，在编制采购及存货预算过程中，通过科学的存货供应决策，合理规划、确定材料的采购量和采购批次，制订合理的材料及产品库存定额，使企业的各种存货既保持一定的库存，又使存货成本降为最低，这是对存货供应活动实行预算管理的核心内容。

存货供应决策需要抓住两个关键问题：一是确定存货储备定额；二是控制存货订购经济批量。

第二节　企业投资预算管理

投资预算是预算期内企业有关资本性投资活动的预算，涉及企业进行规划、评价、选择、决策、实施投资活动的全过程。所谓资本性投资活动是指该项投资活动的发生不仅是为了获得或增加当期收益，而且更重要的是为了获得或增加以后各期收益；或者说，资本性投资活动主要是为了获得或增加以后各期收益而进行的投资活动。

随着社会主义市场经济体制的确立和现代企业制度的建立，中国企业已经走上自主经营、自我发展的道路，形成多元化的投资主体。在国家法律、法规和政策允许的范围内，企业投多少钱、怎样进行融资、把资本投向哪里、上什么项目、生产经营什么产品、怎样进行生产经营，完全是企业自己的事情，投资者要对自己的投资行为和由此产生的后果承担全部责任。因此，行使生产经营和投资决策上的自主权，正确选择企业的发展方向，并运用投资预算降低投资风险，搞好长期投资决策，不断提高企业的经济实力和经济效益，是每一个企业都要面对的重要任务。①

一、投资预算的内容与特点

（一）投资预算的内容

投资预算是为资本性投资活动服务的，它具体反映企业在何时进行投资、投多少资、资金从何处取得、用什么方式取得、何时可获得收益、每年的现金

① 王繁强．现代企业财务预算管理方法的创新研究 [J]. 中国商论，2019，（11）：109–110.

净流量为多少、需要多少时间收回全部投资等。企业的资本性投资活动可分为内部投资和外部投资。内部投资是指企业用于固定资产的购置、扩建、改建、更新、改造等方面的投资和无形资产方面的投资；外部投资是指企业用于股权、收购、兼并、联营投资及债券等方面的投资。同时，企业要投资，就必然要融资，筹措项目资金自然是企业进行投资活动的重要内容。因此，投资预算的内容主要包括固定资产投资预算、无形资产投资预算、权益性资本投资预算、收购兼并预算、债券投资预算、投资收益预算和项目筹资预算等。

（1）固定资产投资预算是预算期内企业为购建、改建、扩建、更新固定资产而进行资本投资的预算，主要根据企业有关投资决策资料和预算期固定资产投资计划编制。

（2）无形资产投资预算是预算期内企业为取得专利权、非专利技术、商标权、著作权、土地使用权等无形资产而进行资本投资的预算，主要根据预算期无形资产投资计划编制。

（3）权益性资本投资预算是预算期内企业为了获得其他企业的股权及收益分配权而进行资本投资的预算，主要根据企业有关投资决策资料和预算期权益性资本投资计划编制。

（4）收购兼并预算是预算期内企业通过承担债务、出资购买、资产置换方式、债转股等形式，吸收合并目标企业的预算，主要根据企业有关投资决策资料和收购兼并企业协议编制。

（5）债券投资预算是预算期内企业购买国债、企业债券、金融债券等的预算，主要根据企业有关投资决策资料和证券市场行情编制。

（6）投资收益预算是预算期内企业对外投资所取得的利润、股利和债券利息及投资损失的预算，主要根据被投资企业有关利润分配计划、股利分配计划和有关债券的面值及利息率编制。

（7）项目筹资预算是预算期内企业有关投资活动所需资金筹措及到期项目借款偿还的预算，主要根据企业投资计划、发行债券审批文件、资金投放及偿还时间、自有资金状况、金融市场情况等资料编制。

企业经批准发行股票、配股和增发股票，应当根据股票发行计划、配股计划和增发股票计划等资料单独编制预算。

（二）投资预算的特点

投资预算的特点源于投资活动与日常生产经营活动的不同特性。与经营预算相比，投资预算具有以下明显特点：

1. 对象具有针对性

投资预算的编制对象是企业某项或某几项一次性的资本性投资活动，随着某项或某几项投资活动的完成，针对某项或某几项的投资预算也随之结束。投资预算编制对象的一次性特征表明，投资预算的编制具有很强的针对性。这就要求编制投资预算要具备创新意识，要针对不同投资项目的具体情况和特点，编制出具有针对性的投资预算。

2. 方法具有多样性

投资预算的编制对象涉及面广、综合性强，不仅涉及基本建设、更新改造等技术性很强的业务活动，而且涉及收购、兼并、股票、债券等专业性突出的资本运作。投资活动突出的技术性和专业性特征决定了投资预算编制方法的多样性。这就要求编制投资预算要学习、掌握各种投资活动的基本规律和内容，把握每项投资活动的要点，采取多种预算编制方法，编制出切合各个投资项目具体情况的投资预算。

3. 期间具有长期性

一项投资活动从调研、决策到实施、完结，短则数月，长则数年，与企业的日常生产经营活动相比具有周期长的特点。因此，投资预算编制的期间与投资活动的周期保持一致，具有长期性，而且不受会计期间的制约和影响。编制期间长期性是投资预算与经营预算的本质区别，这源于二者编制对象的不同特性。经营预算的编制对象是企业的日常经营活动，它是以年度、季度、月度为期间进行规划安排的；投资预算的编制对象是企业的投资活动，它是以项目周期进行规划安排的。

4. 时间具有灵活性

由于企业的资本性投资活动具有周期性和长期性的特点，因此，投资预算必须适应资本性投资活动的需要，在编制时间上配合投资项目进度和节奏。也就是说，投资预算在编制时间上可以不受企业全面预算规定时间的约束，而是根据投资活动的实际需要随时编制。

在预算实务中，企业需要编制两种形式的投资预算：一种是与投资项目在经济内容上相同、在实施期间上一致、在编制时间上同步的投资预算，主要用于投资项目的规划、评估、论证、评审、决策和实施；另一种是与经营预算在编制时间上同步、在预算期间上一致的投资预算，主要用于预算期内企业资本性投资活动具体安排和企业实施全面预算管理的需要。

5. 内容具有风险性

不论是对内的固定资产投资，还是对外的联营投资、股权投资，不仅需要投入大量资金，而且投资项目完成后会形成大量的沉没成本和长期资产。如果市场、技术、价格、成本等客观经济环境发生变化，会给企业的投资活动带来巨大的风险。投资活动的风险性特征要求投资预算的编制必须建立在投资项目的可行性研究基础之上，要符合成本效益原则和风险控制要求，严格控制投资风险。没进行可行性研究、没通过可行性研究评审的投资项目，一律不予编制投资预算。

6. 资金投放具有连续性

投资活动是一个不间断的实施过程。一个投资项目一旦开始建设，就必须不断投入资金和其他资源，以保证连续施工和均衡施工的需要。否则，不仅不能按预期形成新增固定资产，而且会造成已投入资金的占用呆滞，扩大投资成本，甚至造成整个投资项目的失败。因此，编制投资预算，必须规划好资金的投放规模和时间进度，确保投资活动的连续性和不间断性。

7. 实施的结果具有不可逆性

投资预算一旦实施，其执行结果往往需要很长时间才能显现出来，具有很强的不可逆性。一旦投资失误，将会给企业造成较大损失。因此，编制投资预算事关重大，企业必须重视预算编制前的可行性研究，采用规范与科学的方法，使企业的投资决策成为集思广益的、有科学依据、有制度保障的过程，从而提高投资预算编制的有效性，确保企业投资活动的万无一失。

二、投资预算管理的基本知识

（一）投资预算管理的概念

投资预算管理与投资预算是两个不同的概念，投资预算是对有关资本性投资活动的总体安排，属于计划的范畴。投资预算管理是指企业为了实现发展战略和战略规划，采用预算方法对资本性投资活动进行科学规划、测算、评价、论证、决策和描述，并以预算为标准，对投资项目的执行过程与结果进行计划、组织、控制、分析、报告、审计和考评等一系列管理活动的总称。

把握投资预算管理的内涵，需要从以下两个方面进行理解：

第一，投资预算管理的实施目的是实现企业发展和战略规划，确保资本性投资活动的有效运行和规范运作。

第二，投资预算管理是以预算为标准，对企业资本性投资活动进行事前、事中和事后全过程管理与控制的内部管理控制系统。

（二）投资预算管理的目标

企业通过实施投资预算管理至少应达到以下七个目标：

（1）建立健全企业投资活动运营机制，规范投资管理，规避投资风险，切实保障企业和投资者利益；

（2）运用预算方法实施投资项目的可行性研究，选择出企业最有投资价值的投资项目；

（3）通过编制严谨周密的投资预算，为企业资本性投资活动制订实施方案和工作标准；

（4）通过编制科学合理的项目筹资预算，为企业的资本性投资活动筹集足额的项目资金，并实现资本结构的最优化；

（5）以投资预算为标准，对企业资本性投资活动实施全方位、全过程的管理与控制，确保企业资本性投资活动的规范化运作；

（6）通过实施投资项目的责任核算，实现对资本性投资活动全面、及时、准确的反映、报告和监督；

（7）通过对投资预算执行结果的分析、审计与考评，落实项目责任人的责、权、利，确保资本性投资活动目标的圆满完成。

（三）投资预算管理的意义

投资预算管理是企业全面预算管理的重要组成部分。企业要生存，必然要发展，发展是企业永葆基业长青的关键因素。而企业要发展，就必须在搞好日常经营活动的同时，不断寻求新的投资机会，积极进行投资活动，使企业的经营活动充满后劲和活力。因此，搞好投资预算管理、组织好企业的投资活动，对于企业的生存和发展都具有十分重要的意义。

（1）投资是企业获得利润的前提条件。企业是以营利为目的、从事商品生产经营和服务活动的经济组织，企业要想获得利润，就必须拥有一定数量的经营性资产，然后通过生产经营活动，以收抵支获得利润。只有通过投资活动，才能使企业拥有经营性资产，为获得利润奠定基础。

（2）投资是企业维持简单再生产的必要手段。在科学技术及社会经济迅速发展的今天，企业要维持简单再生产，就需要不断更新、增加所需的人力、物力、财力，就必须对产品和生产工艺进行不断的改进和提高。因此，企业只有通过一系列的投资活动，才能维持企业简单再生产的顺利进行。

（3）投资是企业扩大再生产的必要条件。企业为了做大做强，增强其市场竞争能力，就必须扩大生产经营规模。为此，企业需要扩建厂房、增添设备，运用新设备来更新已有设备，所有这些都需要企业投入资金。

（4）投资是增加企业核心竞争力的重要途径。核心竞争力是指企业长期积累形成的、独有的、支撑企业可持续性竞争优势的核心能力。核心竞争力是一个系统的不可分割的整体，任何单一的基本要素都很难形成核心竞争力。只有构成核心竞争力的基本要素协同运作，相互配合，才有可能形成核心竞争力。其中，通过投资活动，自主研究开发、引进核心产品的技术设备、核心专利技术，提高产品的技术含量，是增加企业核心竞争力的重要途径。

（5）投资是降低企业风险的重要方法。企业把资金投向生产经营的关键环节和薄弱环节，可以实现企业各种生产能力的相互配套和平衡，使企业形成更强的综合能力；企业把资金投放于多个行业，实行多元化经营，能有效增加企业销售和盈余的稳定性。这些都是降低企业经营风险的重要方法。

三、固定资产投资预算的编制

（一）固定资产投资预算的主要内容

固定资产投资预算是预算期内企业为构建、改建、扩建、更新固定资产而进行资本投资的预算。固定资产投资按性质可分为基本建设投资和更新改造投资两大类，与此相对应，固定资产投资预算主要包括基本建设投资预算和更新改造投资运算。①

1. 基本建设投资预算

基本建设投资预算是预算期内企业新建、扩建、改建和迁建项目投资的预算。基本建设是指企业以扩大生产能力为主要目的的新建、扩建、改建和迁建项目；新建项目是从无到有、平地起家的建设项目；扩建和改建项目是在企业原有设施的基础上，扩大产品生产能力或增加新产品生产能力，以及对原有设备和工程进行全面技术改造的项目；迁建项目是原有企业由于各种原因，搬迁到另地建设的项目。

基本建设投资预算的编制内容包括从投资项目前期准备开始，到投资项目全部建成投产为止所发生的全部建设费用预算，以及生产运行期所需的流动资金预算和针对该投资项目的筹资预算。

2. 更新改造投资预算

更新改造投资预算是预算期内企业对现有固定资产进行更新和技术改造投资的预算。更新改造是指企业采用国内外先进的、适用的新技术、新设备、新工艺、新材料，对现有设施、生产工艺条件及辅助设施进行的设备更新和技术改造活动。

3. 基本建设投资与更新改造投资的联系和区别

基本建设投资与更新改造投资都属于固定资产投资活动，投资目的都是搞好企业的扩大再生产，壮大企业经济实力，提高经济效益。

基本建设投资与更新改造投资的主要区别有三个：

一是基本建设投资属于固定资产的外延扩大再生产，而更新改造投资则属于固定资产的内涵扩大再生产。

---

① 张长胜 . 企业全面预算管理（第 2 版）[M]. 北京：北京大学出版社，2013.

二是基本建设投资一般建设周期较长、投资规模较大，而更新改造投资一般建设周期较短，投资规模较小。

三是基本建设投资的决策依据主要是企业的长期发展战略和战略规划，而更新改造投资的决策依据主要是企业的经营目标和现有设施及生产工艺条件的实际情况。

（二）固定资产总造价预算的编制

固定资产总造价预算是投资项目在建设期所有固定资产支出的总体安排，是确定整个基本建设投资项目从筹建开始到竣工验收、交付使用所需的全部费用支出的预算文件，包括基本建设投资项目的工程费用、其他费用、预备费用和建设期的借款利息。

固定资产总造价预算编制的主要依据是各单项工程预算、其他费用预算，以及预算工程量、预算定额、预算价格和预算手册等。各项费用的具体内容和编制方法如下：

1. 工程费用

工程费用是指直接形成固定资产的工程项目费用，包括建筑工程费、设备购置费和安装工程费。

（1）建筑工程费。建筑工程费由直接费、间接费、计划利润和税金及附加组成。其中：

1）直接费包括人工费、材料费、施工单位机械使用费和其他直接费、现场经费等，可按建筑工程量和当地建筑工程概算综合指标计算，房屋建筑按每平方米造价估算。

2）间接费包括施工管理费和其他间接费，一般以直接费为基础，按照施工现场所在地区规定的间接费率执行。

3）计划利润以直接费和间接费之和为基数，按一定的利润率计取。

4）税金及附加包括营业税、城市维护建设税和教育费附加。其中，营业税以建筑工程的直接费、间接费和计划利润之和为基数(不包括技术装备费、施工机构迁移费），按照3%计取；城市维护建设税按所在地区不同，按营业税的1%～7%计算；教育费附加按营业税的2%计征。

（2）设备购置费。设备购置费包括需要安装和不需要安装的全部设备、工装器具及生产用家具购置费等。其中，自制设备根据设备用料、用工和消耗定额、费用定额及计划价格等资料计算；外购设备按招标价格和采购价格逐项计算。

（3）安装工程费。安装工程费包括设备安装费及室内外管道（线）安装费用，由直接费、间接费、计划利润和税金组成。其中：

1）直接费按每台设备或每台设备占全部设备价格的百分比计算。

2）间接费以直接费用为基础,按间接费用率计算。

3）计划利润以安装工程直接费和间接费之和为基数，按一定的利润率计算。

4）税金包括营业税、城市维护建设税和教育费附加，根据有关的税率、费用率和纳税项目数额计算。

2. 其他费用

其他费用是指根据有关规定应列人基本建设投资的建设费用，包括土地费、拆迁费、勘察设计费、建设单位管理费、生产筹备费等。

其他费用主要按照基本建设投资项目的具体情况、政府部门的有关收费规定和建设 区域的收费标准等资料计算。

3. 预备费用

预备费用也称不可预见费，包括基本预备费和涨价预备费两部分：

一是基本预备费。基本预备费是指在可行性研究和评估时难以预料的费用，又称工程建设不可预见费。基本预备费以工程费用和工程建设其他费用之和为基数，按照规定的基本预备费率计算。

二是涨价预备费。涨价预备费是对建设工期较长的项目，在建设期内由于价格上涨可能引起投资增加 而预留的费用，亦称为价格变动不可预见费。

4. 建设期的借款利息

建设期的借款利息是指按规定列入基本建设投资价值的借款及债券利息。按照项目建设资金筹措方案确定的借款和发行债券的种类、额度、时间、利率、偿还方式和偿还期限计算。

国外借款利息的计算，还应包括国外贷款银行根据贷款协议向借款方以年利率方式收取的手续费、管理费、承诺费，以及国内代理机构以年利率的方式向借款单位收取的转贷费、担保费、管理费等资金成本费用。

四、其他投资预算的编制

（一）权益性资本投资预算的编制

权益性资本投资是企业以获得其他企业的股权及收益分配权为投资目的，以现金、实物资产、无形资产等方式向企业外部主体进行的投资活动。通过权益性资本投资活动，企业投出的资金形成被投资企业的资本金，企业拥有了被投资企业的所有权，按投资比例享有权益和承担风险。购买上市公司的普通股、兼并或收购某家企业等活动都属于企业权益性资本投资的范畴。权益性资本投资具有高收益、高风险的特点，特别是在购买上市公司股票的整个投资过程中，都潜藏着很高的风险因素。因此，企业在进行权益性资本投资时，必须严格按投资程序运作，有效控制投资风险，提高投资收益。

权益性资本投资预算是预算期内企业进行权益性资本投资活动的总体安排，由资本投资部门负责编制，财务部门予以协助。

（二）投资总预算的编制

为了确保投资项目的资金保障，企业需要编制投资总预算，对一定时期内的投资项目进行综合平衡和动态分析。投资总预算的预算期间不受会计期间限制，可以是一年，也可以是两年、三年、五年。投资总预算的编制方法如下：

首先，测算预算期内资本性投资总额，即对各项投资预算进行汇总，确认预算期内所有资本性投资总额。

其次，测算预算期内资本性投资活动的资金来源。为了保障日常生产经营活动的顺利进行，防止资本性投资活动与生产经营活动争资金状况的发生，企业需要对预算期内可以用于投资活动的资金来源进行测算、核实，主要包括预算期内新增折旧资金、所有者权益净增额、长期借款、长期债券等。

最后，在各项资本性投资活动有资金来源保障的基础上，编制投资总预算。

（三）投资现金预算的编制

为了满足企业编制现金预算的需要，企业需要在编制各项投资预算的基础上汇总编制投资现金预算。

投资现金预算主要是确定投资活动在预算年度内的现金收支情况。因为现实中的投资业务发生与现金支出并不同步，所以，企业必须根据投资项目的实际需要和企业总体现金收支状况，编制预算年度内投资项目的现金预算。编制方法是先由各投资单位申报，然后由财务部门负责修订、平衡。

第三节　企业财务预算管理

一、财务预算的基础知识

（一）财务预算的概念

财务预算是预算期内企业财务活动、经营成果和财务状况方面的预算，是预算期内企业资金取得与投放、各项收入与支出、经营成果与分配等财务活动及其结果的统筹安排。

财务活动是指企业资金运动过程中的资金筹集、使用及利润分配等活动的总称，包括资金筹集、资金使用和利润分配三个基本环节；经营成果是企业在一定时期内从事生产经营活动所取得的最终成果；财务状况是指企业一定日期的资产、负债及权益情况，是企业一定时期财务活动结果的综合反映。

财务预算从价值方面总括反映了预算期内经营预算和投资预算的执行结果，不仅信息资料主要来自经营预算和投资预算，而且大部分财务预算指标也都是经营预算指标、投资预算指标汇总或加减计算的结果。所以，财务预算也被称作总预算（Master Budget）。

（二）财务预算的内容

财务预算主要包括利润预算、现金预算和财务状况预算。

（1）利润预算是预算期内企业经营成果及利润分配的预算，总括反映了预算期内企业执行经营预算、投资预算及财务预算后的效益情况和利润分配情况。

（2）现金预算是预算期内企业现金收支及筹措活动的预算，总括反映了预算期内企业现金收支、筹措、流动情况及其结果，主要包括现金收支预算、现金流量表预算、融资预算等。

（3）财务状况预算是预算期初、期末企业财务状况变动情况的预算，总括反映了预算期内企业执行经营预算、投资预算和财务预算前后的财务状况变化情况，主要包括所有者权益预算、资产负债表预算等。

（三）财务预算在全面预算体系中的作用

财务预算作为全面预算体系的总预算，在全面预算体系中发挥着以下四个方面的重要作用：

1. 目标与导向作用

财务预算是全面预算体系的核心和灵魂，对全面预算的编制起着明确目标和指引方向的作用。在编制预算时，为了防止各个分项预算的编制偏离企业的战略规划和经营目标，企业一般需要采取“先入为主”的方法，通过制订预算编制大纲确立预算编制总目标，作为各个部门编制分项预算的指南。①预算编制总目标的主要内容就是财务预算中的有关预算指标，如销售收入、销售成本、期间费用、利润总额、销售利润率、资产负债率等。确立预算编制总目标，不仅对全面预算的编制起到了目标与导向作用，而且也成为审核、分析、修订、平衡全面预算的依据。

2. 控制与约束作用

在全面预算体系中，财务预算占据着全局地位，其他预算则居于局部位置。在编制预算过程中，通过财务预算的系统规划、全面协调与综合平衡，将全面预算的各个部分串连到一起，使全面预算的各个组成部分都统一服从于企业预算期的经营总目标。当经营预算和投资预算与财务预算发生冲突时，毫无疑问，其他预算要服从于财务预算。因此，财务预算对其他预算具有很强的控

① 崔佳钰 . 企业财务战略管理探究 [J]. 中国商论，2019，（4）：97-98.

制与约束作用。

3. 合理配置财务资源作用

财务预算总揽企业全局，可以综合平衡企业财务收支和各项财务资源的合理配置。当财务资源出现供需矛盾时，人们可以通过编制财务预算，优化投资结构，控制低效率开支，将财务资源分配到企业效率最高的生产经营活动中，从而确保公司财务资源的合理配置和有效利用，提高财务资源的投入产出比率，保持企业资产结构与资本结构、资产盈利性与流动性的有机协调。

4. 制订绩效评价标准作用

财务预算中的预算指标综合了企业各部门、各层次的绩效评价指标，不仅使企业预算期内的经营活动、投资活动、财务活动实现了目标化、具体化和系统化，而且也为企业考核和评价各部门、各层次的工作绩效提供了具体的标准和依据。

二、利润预算

利润预算是预算期内企业经营活动成果及利润分配的预算，主要依据年度经营目标、预算编制大纲、经营预算和投资预算编制。利润预算一方面要对经营预算中有关收入、成本、费用指标进行汇总；另一方面要审查、核实经营预算和投资预算中的有关预算指标是否符合年度经营目标和预算编制大纲的要求，实现各项预算指标与企业战略规划、经营目标的相互衔接。

（一）利润预算的内容

利润预算主要包括利润表预算、营业外收支预算和利润分配预算等。

（1）利润表预算。利润表预算是预算期内企业经营活动成果的预算。它以动态指标形式总括反映了预算期内企业执行经营预算及其他相关预算之后的效益情况。

（2）营业外收支预算。营业外收支预算是预算期内企业与日常经营活动无直接关系的各项利得和损失的预算。它总括反映了预算期内企业经营成果之外的收益与支出情况。

（3）利润分配预算。利润分配预算是预算期内企业对净利润以及以前年度未分配利润进行分配的预算。它总括反映了企业对预算期内实现的净利润以及以前年度未分配利润在各个方面进行分配的数额和过程。

（二）利润预算的重要地位

利润预算不仅是财务预算的核心，也是整个全面预算体系的核心。它的重要性来自利润的重要性和利润预算本身的功能作用。

1. 追求利润是企业经营的基本动机

利润是个差额概念，是收入与成本费用相抵后的余额，反映了企业一定时期的经营成果。利润对于国家、投资者、企业、债权人、经营者以及企业员工的重要性是不言而喻的：利润是企业计算向国家缴纳所得税的基本依据，企业实现的利润越多，向国家缴纳的所得税就越多；利润是企业发展的经济源泉，企业实现的利润越多，企业进行发展的自有资金就越充足；利润是进行股利分配的基本依据，企业的税后利润越多，投资者从企业分到的股利就越多；利润反映了企业的获利能力，企业实现的利润越多，获利能力就越强，债权人对企业就越放心，经营者就会越开心，企业员工就会从企业的税后留利中得到更多的福利和好处。可见，追求利润是企业经营的基本动机。利润预算作为反映企业预算期内实现利润情况的预算，其重要性可见一斑。

2. 编制利润预算有利于提高企业经济效益

利润预算的功能和作用主要有三个：

一是通过编制利润预算，可以从总体上掌控企业在预算期内的收入、成本、费用和利润的实现及构成情况，可以据此分析影响利润形成和变动的重要因素，分析、评价企业的盈利状况和经营成果，促进企业不断改进经营管理，不断提高经济效益。

二是利润预算作为综合反映企业经营活动及其成果的预算，可以展示企业的获利能力和发展趋势，为投资者、债权人、经营者进行投资决策、经营决策提供资料依据。

三是通过编制利润预算，企业不仅可以实现预算期内经营活动、投资活动、财务活动与企业战略规划及经营目标的协调统一，而且可以通过编制分部门的利润预算，落实各部门的利润责任，实现以利润为目标的综合管理。

三、现金预算

（一）现金预算的概念与内容

1. 现金预算的概念

现金预算是预算期内企业现金收支及筹措活动的预算，是对预算期内企业现金收入、现金支出及现金余缺筹措等现金收付活动的具体安排。这里所说的现金是指企业的库存现金和银行存款等货币资金。现金预算是企业按照收付实现制原则编制的，它综合反映了企业在预算期内的现金流转情况及其结果。现金预算的内容不仅决定着企业在预算期内的现金流入流出总量，也决定着企业预算期内所需现金的筹措总额和筹措时间。因此，现金预算是全面预算体系的重要预算，是经营预算、投资预算以及利润预算顺利实施的保障。

2. 现金预算的内容

现金预算主要包括现金收支预算、现金流量表预算和融资预算。

（1）现金收支预算。现金收支预算是按照预算部门和业务内容编制的，反映预算期内企业各预算部门所发生的现金收入、现金支出情况及其现金余缺的预算。

（2）现金流量表预算。现金流量表预算是按照现金流量表的项目和内容编制的，反映预算期内经营活动、投资活动和筹资活动现金流入与现金流出情况及其结果的预算。

（3）融资预算。融资预算是预算期内企业资金筹集、融通以及原有借款、债券偿还的预算。它总括反映了预算期内企业经营活动、投资活动、财务活动各项资金的借入、偿还及结存情况。

（二）现金预算的重要作用

1. 现金预算是现金流管理的重要工具

现金流是以收付实现制为基础反映一定期间内企业的现金流入量和流出量。如果把企业比喻为人的躯体，那么现金流就是企业的血液。人的生存离不开血液，企业的生存离不开现金流。企业的资产规模再大，账面利润再多，一旦现金流中断，就会引发财务危机，严重的还会导致企业破产。因此，现金流无论对于企业的经营者、投资者还是债权人都是十分重要的。企业管理以财务管理为中心，财务管理则应以现金流管理为重点，编制现金预算正是企业加强现金流管理的重要措施。

2. 利于企业事先对现金收支活动进行计划安排

透过现金预算，人们可以清楚地看到企业的现金何时来、从何而来、又何时用于何方，从而通过对现金收支及持有量的合理安排，确保企业各项生产经营活动的顺利进行。如果没有现金预算，企业将无法对现金收支活动进行合理的计划、平衡和调度，就有可能使企业陷入财务困境。

3. 可以合理调剂现金余缺

期初现金余额加上预算期现金收入，再减去预算期现金支出和期末现金余额，就是预算期应该融资的数额。如果现金余缺为正数，可以安排投资；如果现金余缺为负数，则必须筹措资金。因此，现金预算可以清楚地表明企业预算期内现金多余或不足的状况，从而有利于企业制订预案，既避免由于现金多余而造成资金浪费，又避免由于现金不足而影响企业经营活动、投资活动和财务活动的顺利进行。

4. 可以提高企业对到期债务的偿付能力

能否偿还到期债务是衡量企业偿债能力强弱的重要标志。如果一个企业一旦缺乏偿债能力，不仅无法获得后续债务资金，而且还会因无力支付到期债务而被迫出售资本性投资项目或拍卖固定资产，甚至会给企业带来破产的厄运。因此，企业通过编制现金预算，可以提高对到期债务偿付能力的预见性，有利于提前采取措施，合理调配资金，确保到期债务的按时偿付。

5. 可合理配置财务资源

编制现金预算不仅是对其他预算中的现金收支活动进行汇总，更重要的是通过合理调配各类预算中的现金收付时间和收付数额，促使企业各项业务活动的开源节流，实现财务资源的最佳配置，并通过对现金收付的调控，实现对企业各项业务活动的合理调控。

四、企业财务预算管理存在的问题及解决方案

（一）企业财务预算管理原则

1. 统一组织、分级管理

企业的行政部门需要组织和规划财务预算管理工作，同时在企业内部需要建立完善财务预算管理体系，还需要完善责任制度，将责任落实到个人。按照企业的部门结构进行相应财务预算管理工作责任、权利划分并且对预算的标准进一步细化将细化后的预算指标经过企业各个领导层面的责任中心落实到企业生产经营实际中去要求企业无论是领导人员还是基层的工作人员都要参与到财务预算管理工作中去，对于每一个环节都要严格把关最终确保预算指标的实现。

2. 企业财务预算管理需要更加全面、系统

财务预算管理并不是具有盲目性的而是需要与企业现阶段战略计划相符合要进行全面的预算对于企业经营管理中任何有资金消耗的内容都要涉及。企业财政预算管理工作需要对企业生产经营中的活动进行一定的预测并且对活动进行全方面、系统的规划，在活动的开展中要加强控制在活动结束后需要进行相关信息资料的统计，并且对整个活动开展财政预算管理工作的成效进行评价，保证财政预算管理工作深入企业的各个层次三百六十度无死角的对企业落实企业财务预算管理工作。

3. 科学合理、稳步前进

财务预算编制是财务预算工作开展的基础财务预算编制需要具有科学性、适用性。因为财务预算过高很有可能导致企业资金的流失，财务预算过低则会导致很多工作因运转资金不足难以开展。企业财务预需要考虑到公司的实际情况以及公司的财务增长情况根据财政的收入确定财务的支出，避免支出大于收入导致企业处于负增长状态，将企业面临的财务风险控制在最小范围内，避免企业运行资金链断裂保证企业在经济市场中稳步前进。

（二）企业财务预算管理中存在的问题

1.企业对财务预算管理没有足够重视

在现阶段虽然我国很多企业都渐渐开始实行财务预算管理工作但是各个

企业之间的财务预算管理水平也存在着巨大的差异。其最根本的原因就是企业领导人员对于财务预算管理工作不够重视，认为财务预算管理工作并不能为企业带来实际的经济利益，企业的经营必定会有财政的支出，没有付出就没有盈利。这种思想上的误区如果不能纠正，不仅会使得企业的财务管理工作不能有效的开展，同时还会导致企业的市场竞争力受到严重的影响。

企业的分级领导认为财务预算管理工作只是财务部门的工作，与自身的工作没有太大的关系，对于财务预算指标也没有太多的重视。这些思想上的误区在我国企业领导人员身上可以说是十分常见的这些错误的思想也导致企业财务预算管理工作的开展十分艰难。除此之外，企业财务管理人员的素质偏低，不能帮助企业相关人员认识到财务预算管理的意义，同时财务预算编制手段不能够遵循科学、合理的原则这些也是导致企业对于财务预算管理工作不重视的原因。

2. 财务预算编制上缺乏战略性

在上文中提到企业财务预算管理需要遵循全面、系统的原则，但是很多企业财务预算管理工作中的预算编制具有一定的局限性，不能具有战略性的目光，导致企业财务预算承受不住市场的严峻考验。

其一，企业在落实财政预算管理指标时不能具有全面性不仅需要涉及企业当前阶段的财务预算指标更多的要站在企业发展的角度考虑要对企业长期发展的战略计划给予高度的重视。但是很多企业在财务管理工作中常常将其忽略，导致财务预算编制的指标与企业长期发展的战略目标存在一定的矛盾，导致各阶段财务预算编制不能良好地衔接最终也导致企业财务预算管理工作没有将其促进企业长期发展的作用发挥出来企业财务预算管理工作并没有取得良好的成效。

其二，是企业在确定财务预算目标时，不能全方位的考虑段有对市场进行调查，也没有对市场经济进行预测对于企业所处的市场环境没有相应的了解，也正是因为如此所以导致企业财务预算编制经受不住市场经济的考验不具有一定的弹性，不能很好地面对市场经济的变化。

我国很多企业对于企业的战略管理还处于初步认知阶段，很多企业受到固有企业管理模式的影响，短时期内不能接受新的企业管理模式，也就不能正确地认知企业的内部环境、外部环境，没有正确地认识也就不能正确地对其进行把握，甚至会失去许多企业发展的机遇。没有对企业的战略发展目标进行明确的标定，导致企业在经济市场中渐渐迷失了方向。

3. 缺少高素质财务预算管理人才

财务预算管理在企业管理中的地位越来越重要其工作开展的成效可以帮助企业在经济市场中站稳脚步，带动企业经济效益的增长。财务预算管理的内容很多具中包括企业经营预算、资金预算、财务预算等。而其中每一部分又包含着众多的内容针对经营预算而言涉及企业相关业务的收入预算、企业相关业务的支出预算、企业生产产品的库存预算、企业员工的薪资预算、企业税务预算等。

所以企业财务预算可以说是涉及企业生产经营的各个环节该工作涉及的学科众多例如:计算机、法律、财会、管理等，也就导致了对于财务预案算管理人员有很高的要求。但是针对我国企业财务预算管理工作人员的调查分析发现，高素质人才十分地缺少，一些企业的财务预算人员空有数量没有质量无论是专业知识还是专业技能都不能达到相应的标准二有的企业财务预算人员综合素质达到相应的需求但是人员太过于稀少根本不能完成单财务预算管理的全部工作内容。

（三）企业财务管理中存在问题的解决对策

1.加强对于财务预算管理工作的重视

企业领导人员是企业经营管理的核心人员是一个企业的领军人物在企业管理中的地位，企业领导人员的思维模式和相关决策确定了企业的发展方向，与企业的兴盛与衰败有着直接的影响。所以企业必须要注重对财务预算管理理念的认知和培养不断地提升企业领导人员对于财务预算管理工作的重视程度，为企业财务预算管理工作的有效开展创造良好的环境。同时利用企业领导人员的领导作用协调企业各个部门之间的关系使得企业的各个部门都能够融入于企业财务预算管理工作中去对企业进行全面的预算管理。全面性的财务预算管理工作能够有效提升企业生产经营工作的效率使得企业向着现阶段的发展战略目标稳步前进并最终实现。

2. 企业内部树立财务预算管理新理念

企业财务预算无论是预测还是决策都是根据实际市场情况然后参照企业现阶段的发展目标与企业长期发展的战略目标确定的。某一阶段内对企业的投放资金、企业的经济收益分配等一切涉及资金运转的企业管理内容做出具体的安排。所以企业的财务预算管理工作必须要以经济市场为核心，以企业的战略发展需求和规划为重点，以企业的经营预算、资金预算、财务预算为基础，以为企业谋取更多的经济利益、促进企业发展为最终的目的，并且以现金为中心进行财务预算的编制。

对于企业财务管理这一工作，只有将财务预算管理工作与企业的发展战略相融合才能将企业财务预算管理工作的意义全面地发挥出来，才能使其真正的富有生命力。

3. 加强对财务预算执行的监督并设立奖惩制度

预算决策、预算监督以及预算调整都是财务预算管理中的重要内容如果想要保证企业生产经营活动能够达到预算的目标企业必须要重视企业财务预算的调节和控制，要对财务预算的执行进行全程的监督，使其不再是一张废纸。对于预算的控制在企业的管理工作中需要建立完善的规章制度，预算工作落实过程中出现的问题要及时地了解及时地解决二同时企业还需要建立预算报告制度，要求企业的各个部门定期将企业财务预算的执行情况进行上报这样能够使得企业对预算落实情况进行全面的了解，对于报告中所阐述的重要问题要对整个执行项目进行全面的调查，找到相应的负责人员追究其责任，还要对经营管理提出可行性的改善措施。

对于预算的调节财政预算具有一定的权威性预算编制是经过全方位的考虑后制定的，所以财务预算编制也具有高度的科学性。如果在企业生产经营活动中需要对预算进行调整那么必须由相应的部门提出书面文件，由企业的经营部和财务部进行审核最终交予企业领导人员决定。奖惩制度不仅能够对员工的行为和思想进行约束同时还能够充分地激发员工工作的热情，使其能够将全部的精力投入到自身工作中去，对于财务预算管理工作的执行有很大帮助。

第七章

预算分析与考评

预算分析与考评在全面预算管理体系中处于承上启下的关键环节。通过预算分析可以发现预算执行中存在的问题和造成问题的原因，有助于落实责任和纠正偏差。本章主要围绕预算分析概述、预算差异分析的实施、预算考评这三部分内容进行分析。

第一节　预算分析概述

一、预算分析的基础知识

（一）预算分析的含义

预算分析是以预算指标、预算报告、预算执行情况以及其他相关资料为依据，采用一系列专门的分析技术和方法，对全面预算管理过程和结果进行分析、确认的综合管理活动。

预算分析有广义和狭义之分，广义的预算分析是指对预算管理全过程的分析，包括预算的事前、事中和事后分析。

事前分析是一种预测性分析，是指在实施预算活动之前所做出的研究其可行性的分析。在制订预算目标、编制预算之前所进行的分析就属于此类，它是进行各种预算决策的基础，如筹资方案分析、投资风险分析、经营预测分析等。事实上，任何决策在拍板之前都是要经过事前分析的。

事中分析是一种控制分析，是指在预算执行过程中，对预算执行状况及其控制成效所进行的日常性分析，它是进行预算执行调控的前提，如各种预算执行情况的预测分析、存货控制分析、费用支出过程的控制分析等。人们对生产经营活动的任何调控行为在实施之前都是要经过事先分析的，从某种意义上说，事中分析寓于预算执行的整个过程之中。①

事后分析是一种总结性分析，是指对一定期间内预算执行结果的分析，它是对各预算执行部门进行考核、评价和奖惩兑现的依据，如预算执行的销售收入分析、成本分析、费用分析、利润分析、资金分析、财务状况分析等。

狭义的预算分析只包括事后分析，即是指对预算执行结果的分析。其目的是确定预算执行结果与预算标准之间的差异，找出产生差异的原因，并确定其责任归属。因此，狭义的预算分析也称作预算差异分析。

（二）预算分析的作用

预算分析是全面预算管理的组成部分，也是保证全面预算顺利实施的重要手段，它在全面预算管理中的重要作用表现在以下五个方面：

（1）预防作用。通过对预算的事前分析，可以为预算决策提供依据，提高预算决策的准确性，有效预防决策失误的发生。

（2）控制作用。通过对预算的事中分析，可以及时发现和纠正预算执行中的偏差和存在的问题，为预算控制提供资料和依据，从而实现预算执行全过程的控制。

（3）评价作用。通过对预算的事后分析，可以总结预算执行的情况和结果，评价企业及各预算执行部门的工作业绩，揭示企业生产经营活动中存在的问题，总结预算管理工作的经验教训。

（4）辨析作用。通过预算分析，可以分清造成预算执行结果与预算标准之间差异的原因，落实预算差异责任，为预算考评与奖惩兑现提供可靠资料。

（5）促进作用。通过开展预算分析，可以促进各预算执行部门加强预算管理，严格预算执行，挖掘内部潜力，不断完善和提高经营管理水平。

---

① 张长胜. 企业全面预算管理（第2版）[M]. 北京：北京大学出版社，2013.

（三）预算差异的种类

预算差异是指预算执行结果与预算标准之间的差额。预算执行产生的差异有很多种，根据不同的标准可以将预算差异分为不同的种类。

1. 根据差异产生的原因分类

按照差异产生的原因分类，可以将预算差异分为价格差异、数量差异和结构差异。

（1）价格差异是指由于价格变动而产生的预算执行结果与预算标准之间的差额，如由于材料采购价格提高所导致的采购成本上升，由于产品销售价格降低所导致的销售额降低等。

（2）数量差异是指由于数量变动而产生的预算执行结果与预算标准之间的差额，如由于材料消耗降低所导致的产品制造成本降低，由于销售数量增加所导致的销售额提高等。

（3）结构差异是指由于组成结构变动而产生的预算执行结果与预算标准之间的差额，如由于销售利润率高的产品占销售总额的比例提高所导致的销售利润提高等。

2. 根据差异对预算执行及结果的影响分类

按照差异对预算执行及结果的影响分类，可以将预算差异分为有利差异和不利差异。

（1）有利差异是指预算执行结果与预算标准之间的差额有利于预算的执行及结果。例如，由于实际现金收入超过预算现金收入而产生的现金差额对整个预算执行及结果是有利的因素。

（2）不利差异是指预算执行结果与预算标准之间的差额不利于预算的执行及结果。例如，由于实际现金收入低于预算现金收入而产生的现金差额对整个预算执行及结果是不利的因素。

3. 根据差异产生的性质分类

按照差异产生的性质分类，可以将预算差异分为主观差异和客观差异。

（1）主观差异是指由于预算执行部门内在因素造成的预算执行结果与预算标准之间的差额。例如，由于操作工效率不高、工作不负责任而导致的产品质量降低、消耗增加、成本提高等就属于主观差异。

（2）客观差异是指由于外部因素或预算执行部门不可控因素造成的预算执行结果与预算标准之间的差额。例如，国家提高汽油价格而导致炼油厂的利润高于预算标准的差额就是客观差异。

主观差异和客观差异是相对的、可以转化的。例如，采购价格变化造成的成本差异，对于车间而言是客观差异，对于采购部门而言则是主观差异；如果企业授予车间物资采购权，则采购价格变化造成的成本差异，对于车间而言也就转换成了主观差异。

分清预算差异种类对于分析差异原因、落实差异责任具有非常重要的意义。

二、预算分析的方法和步骤

（一）预算分析的方法

预算分析方法由定量分析方法和定性分析方法两大类组成。定量分析方法是最基本的分析方法，定性分析方法是辅助分析方法。没有定量分析，就不能获得科学的分析数据；只有通过定量分析，才能计算出各项预算指标的变动大小和变动幅度，才能据以分清责任，抓住主要矛盾，解决关键问题。但是，单纯的定量分析有时也难以准确地反映预算执行的实际情况。只有把定量分析方法和定性分析方法有机地结合起来，加以综合运用，才能构成完整的预算管理分析体系，才能充分发挥预算分析的作用。因此，定量分析方法和定性分析方法有机结合，构成了完整、系统、科学的预算分析方法体系。

在预算分析实务中，应根据具体分析对象和分析要求，选择有关定量分析方法和定性分析方法，实现两者的有机结合、灵活运用。

1. 定量分析方法

定量分析方法是借助于数学模型，从数量上测算、比较和确定各项预算指标变动的数额以及影响预算指标变动的原因和影响数额大小的一种分析方法。常用的定量分析方法主要有因素分析法、比较分析法、比率分析法、因果分析法、价值分析法、趋势分析法、量本利分析法、敏感性分析法等。

运用因素分析法的一般程序如下：首先，确定需要分析的预算指标；其次，确定影响该预算指标的各因素；再次，确定各因素之间的关系，如加减关系、乘除关系、乘方关系、函数关系等；最后，计算确定各个因素影响预算指标的程度及数额。

2. 定性分析方法

定性分析方法是指运用归纳和演绎、分析与综合以及抽象与概括等方法，对企业各项经济指标变动的合法性、合理性、可行性、有效性进行思维加工、去粗取精、去伪存真、由此及彼、由表及里的科学论证和说明。它是对定量分析的结果，根据国家有关法规、政策和企业的客观实际进行相互联系的研究，考虑各种不可计量的因素加以综合论证，并对定量分析结果进行切合实际的修正，做出"质"的判断的分析方法。

定性分析方法的具体方法包括实地观察法、经验判断法、会议分析法、类比分析法等。

（二）预算分析的步骤

预算分析通常包括下列基本步骤与内容：

1. 确定分析对象，明确分析目的

在进行预算分析之前，首先要确定分析的对象及范围，明确分析的目的，熟悉与分析有关的资料，以保证有的放矢地开展分析工作。

2. 收集资料，掌握情况

进行预算分析时，必须广泛收集内容真实、数字正确的资料。这些资料包括内部资料和外部资料两个方面。

内部资料主要是有关预算标准及其执行情况的资料，有关预算标准的资料可以从预算文件中获取；预算执行情况的资料则有赖于预算执行核算信息系统的完备。

外部资料包括影响预算执行结果的有关外部因素的变动信息和相应外部市场的可比信息，如原材料市场价格的变动情况、各种能源供给及其价格的变动情况、企业经营产品市场总容量的变化、同行业竞争对手的销售及盈利状况、相关技术指标的变动等。

3. 对比分析，确定差异

通过预算执行结果与预算标准的对比，可以得到两者之间的差额，然后采用比率分析法、因素分析法等定量分析法说明预算指标的完成程度，提示偏离预算的原因，为进一步地定性分析指明方向。

4. 分析原因，落实责任

通过定量分析，一般只能看出数量和现象上的差异，还不能说明差异的实质。因此，必须通过定性分析进行深入研究，分析造成差异的原因，抓住主要矛盾。首先，要从总差异入手，按其发生的时间、地点，研究这些差异形成的过程和原因；其次，要进行因果分析，在因果分析中要注意一个原因并不总是产生一个结果，而一个结果又并不总是由一个原因形成，因为实际情况往往错综复杂，应先看结果，然后分析结果形成的原因；再次，将有关因素加以分类，衡量诸因素对预算完成结果的影响程度，在相互联系中找出起决定作用的主要因素；最后，全面地进行综合分析，真正抓住问题的关键，并落实责任单位和责任人。

5. 提出措施，改进工作

确定差异、分析原因、落实责任是为了解决预算执行中存在的不足和问题。因此，当存在的问题找出、找准后，就应根据分析的结果，提出加强全面预算编制、执行和控制的具体措施，以提高企业的经营管理水平。

6. 归纳总结，分析报告

归纳总结就是依据对各项预算执行情况的分析结果进行综合概括，对企业全面预算管理的整个过程及其结果做出正确评价。在预算分析的最后阶段，要根据归纳分析的内容，编写书面分析报告。

第二节　预算差异分析的实施

一、预算完成情况分析

为了从宏观上掌握经营预算和利润预算的完成情况，分析销售、成本、费用等各项因素变化对利润指标的影响，首先需要从综合性预算指标入手，对企业预算期的经营预算执行结果进行总括分析。由于企业各种具体预算都是围绕利润预算展开的，预算期内企业执行经营预算、投资预算及财务预算后的结果和效益情况都会直接或间接地体现在利润表预算的完成情况中，因此，预算完成情况的综合分析可以以利润表预算为基础，采用比较分析法，编制反映预算期收入、成本、费用及利润预算完成情况的综合分析表。

二、销售收入预算差异分析

预算执行结果的销售收入之所以会多于或少于销售收入预算数额，一般是由销售数量和销售价格两方面因素变动所致，即销售收入实际数与预算数的差异是由销售数量差异和销售价格差异构成的。因此，进行销售收入预算差异分析，首先就要确定销售数量差异和销售价格差异的数额。

产品销售收入的计算公式是：

产品销售收入=销售数量×销售单价

销售数量差异、销售价格差异及销售总额差异的计算公式如下：

销售数量差异=（实际数量-预算数量）×预算价格

销售价格差异=（实际价格-预算价格）×实际数量

销售总额差异=销售数量差异+销售价格差异

=实际销售收入-预算销售收入

影响产品销售数量和销售单价变动的具体原因很多，当销售量差和价差确定下来之后，就需要具体分析影响产品销售数量和销售单价变动的主客观原因。另外，对影响销售数量变动和销售价格变动的因素分析还应结合销售费用的支出情况进行综合考察。

三、产品销售利润预算差异分析

产品销售利润是企业利润总额的主体，其预算指标完成情况受数量、价格、成本、税金等多种因素的影响。进行销售利润预算分析的方法主要有品种分析法和综合分析法两种。

（一）品种分析法

品种分析法是按每一种产品的销售数量、单价、成本、税金等项目进行分析然后加以汇总的销售利润分析方法。因为它所分析的结果是按每一种产品分析的结果逐一汇总得出的，所以品种分析法分析不出销售品种结构变动对利润的影响。它比较适用于产销单一产品或者产品品种不太多的企业。

（二）综合分析法

综合分析法是按整个公司的产品销售利润总额和产品销售总额进行分析计算销售量、单价量、成本、税金等项目变动对利润影响结果的销售利润分析法。因为它所分析的结果是按照产品销售总额进行分析得出的，由于各种产品的利润水平不同，每种产品所占销售总额比例的变动都会影响利润总额的高低，所以运用综合分析法可以反映出销售品种结构变动对利润的影响。它比较适用于产销多品种产品的企业。

各因素变动对销售利润的影响合计需要说明的是：销售利润的各种分析方法都有一定的假定性，特别是运用因素分析法进行分析计算时，虽然各因素影响数的总和与所分析指标总差异是相等的，但由于各因素替代计算的顺序不同、某种假定的前提条件不同，会给各因素影响的数额带来一定的差异性。这就要求人们根据因素之间的逻辑关系和公认的原则，确定合理的因素替代顺序和假定条件，并保持一贯性，以保证分析结果的准确性和可比性。

四、销售费用预算差异分析

销售费用的发生与销售收入数额密切相关，因此，仅以销售费用数额是否超过预算指标是无法判断销售部门工作绩效和费用控制情况的。所以，销售费用预算的分析应结合销售收入预算完成情况进行综合分析。一般可以通过考察销售费用率的变化情况衡量销售费用预算的执行结果。所谓销售费用率，是指销售费用占销售收入的百分比。

根据与销售额的关系特点，可以将销售费用分为变动性销售费用和固定性销售费用。由于变动性销售费用与销售额的变动成正比例关系，因此，可运用差额分析法直接分析销售额及其他因素变动对变动性销售费用的影响结果。按费用差异产生的原因不同，变动性销售费用差异可分为开支差异和销售量差异两部分：开支差异是指由于预算开支标准，即销售费用率变化所引起的差异；销售量差异是指由于销售量变化所引起的差异。

在多品种产品销售的情况下，变动性销售费用预算的开支标准如果是以销售量为基础确定的，其预算差异应按每种产品进行分析，然后加以综合；如果是以销售额为基础确定的，则不需要按产品品种进行分析。

固定性销售费用的发生与销售额的变动没有直接比例关系，因此，可采用比较分析法直接得到预算执行结果与预算标准之间的差异额，然后分析导致差异的原因。

五、管理费用预算差异分析

管理费用预算差异是指管理费用实际支出与管理费用预算标准之间的差额。管理费用是企业为了组织和管理生产经营活动而发生的各项费用，它与产品制造成本的最大不同是，产品制造成本的发生与产品产量多少密切相关，而管理费用的发生与产品产量多少无直接关系。因此，管理费用的预算差异分析不能像直接材料预算、直接人工预算和变动性制造费用预算那样通过因素分析法或差额分析法确定数量、价格、成本、产量等因素对预算执行结果的影响。

在实务中，管理费用发生的多少与企业的规模大小、行业特点、企业性质、管理风格、效益高低密切相关。一般而言，管理费用与企业规模和经济效益成正比例关系；垄断性行业、高利润行业管理费用较高，生产制造行业、低利润行业管理费用较低；上市公司、跨国公司、集团公司、股份制公司管理费用较高，其他性质的企业管理费用较低；管理控制严格、规范的公司管理费用较低，管理控制宽松、随意的公司管理费用较高。

管理费用的具体项目可根据能否进行人为控制而细分为酌量性管理费用和约束性管理费用两部分；同时，企业的管理费用预算一般采取按明细项目逐一分解落实到各个职能管理部门的控制方法。因此，企业应从以下两个方面进行管理费用预算差异分析：

一是按照管理费用项目的不同习性进行差异分析。对酌量性管理费用差异要重点分析其支出的必要性；对约束性管理费用差异要重点分析其发生依据的合理性。

二是按职能部门进行差异分析。要在各个职能部门管理费用差异分析的基础上，逐项分析造成管理费用项目差异的原因。

六、财务费用预算差异分析

财务费用预算差异是指财务费用实际支出与财务费用预算标准之间的差额。财务费用是企业为维持正常生产经营活动、筹集资金而发生的费用，其发生的数额一般受以下六个因素的影响：

（1）对外筹集资金的数额和种类，如银行借款、信托借款、企业债券等；

（2）对外筹集资金的成本，如借款利率、手续费等；

（3）承兑汇票的贴现数额及贴现率；

（4）调汇数额及汇兑成本；

（5）企业日常银行存款数额；

（6）银行业务手续费等。

因此，对财务费用预算的差异分析应按照以上六个方面的因素进行逐项分析，并将差异分解为数量差异和利率差异两部分，要重点搞清楚财务费用发生差异的具体原因及其合理性。

七、预算差异分析的汇总

完成各项预算差异分析后，需要将所有预算差异汇总起来，以便确认预算总差异。因为各项经营预算都是围绕利润预算展开的，所以，通过对各项经营预算差异的汇总可以得到利润预算的总差异，从而全面、系统地反映企业预算期生产经营活动的全貌以及利润总额超过或低于预算目标的具体原因。对于利润预算而言，凡是直接构成增加利润的各项预算差异，称为有利差异；反之，则称为不利差异。

除了前面所述围绕利润预算展开的各项预算差异分析外，企业还需要对其他预算差异进行分析。也就是说，企业需要对所有预算的执行情况进行差异分析，以确定各项预算的差异数额和造成预算差异的原因。

对所有预算差异进行分析之后，应形成预算分析报告。分析报告是对企业全面预算管理实施情况及预算执行情况的总结，要从定量与定性两个层面全面反映预算执行的现状、发展趋势和存在的问题，说明预算执行结果与预算标准之间的差异及其形成的原因。企业预算管理部门及各预算执行部门应当充分、客观地分析产生预算差异的原因，落实责任，提出相应的解决措施或整改建议，为预算的考核、评价提供翔实的资料依据。

第三节　预算考评

一、预算考评的含义与意义

（一）预算考评的含义

预算考评是以预算指标、预算执行结果以及预算分析等相关资料为依据，运用一定的考核方法和评价标准，对企业各部门、各环节的全面预算管理实施过程和实施效果进行考核、评价的综合管理活动。[①]

预算考评包括两层含义：

（1）预算考评是对全面预算管理活动的考核与评价。预算编制、预算执行和预算考评作为全面预算管理的三个基本环节，相互作用，周而复始地循环，

① 徐彩红，饶海琴，宋良荣 . 浅探企业全面预算管理的绩效考评 [J]. 财会月刊（理论版），2006，（10）：38-40.

实现对企业经营活动的全面控制。其中，预算考评既是本期全面预算管理循环的终结，又是下期全面预算管理循环的开始。

（2）预算考评是对各部门预算执行过程和预算执行结果的考核与评价。一方面，在预算执行过程中，通过预算考评可以及时发现和纠正预算执行与预算标准的偏差，实现预算的过程控制；另一方面，通过对预算执行结果的考核与评价，可以实现各部门预算责任、权力、利益的有效结合，将预算奖惩落到实处，实现全面预算管理的约束与激励功能。

（二）预算考评的意义

预算考评在全面预算管理体系中处于承上启下的关键环节，是全面预算管理的一项重要职能。预算管理如果缺少考评环节，预算执行者就缺乏预算执行的积极性和主动性，预算就会流于形式，全面预算管理的功能作用就有可能丧失殆尽。通过预算考评，既可以确保全面预算管理的各项工作落到实处，又可以及时发现预算执行过程及执行结果与预算标准的偏差，确保企业战略规划的落实和经营目标的实现。因此，预算考评是企业全面预算管理的生命线，它具有以下意义：

1. 全面预算管理顺利实施的保障

全面预算管理包括预算编制、执行、控制、调整、核算、报告、分析、考评等一系列环节，各个环节相互关联、密不可分，任何一个环节出现问题都会影响到其他环节的实施。只有对各个环节实施有效的考核与评价，才能把预算编制、执行、核算、报告等各项工作落到实处，从而确保全面预算管理所有环节的顺利实施。

2. 增强预算“刚性”的有效措施

一方面，预算必须是刚性的，预算一经确立，必须严格执行，这是实现预算目标的保证；另一方面，预算也是柔性的，当客观环境发生变化时，企业必须以动制动适时调整预算，这是预算得以顺利实施的保证。然而，在预算管理实施过程中，预算的柔性往往会挤兑预算的刚性，使预算变为一种软约束。因此，通过实施预算考评可以严肃预算的执行，增强预算管理的刚性，使全面预算管理真正成为一项“以刚为主，刚柔并济”的有效管理制度。

3. 预算目标实现的保证

预算目标从确定到变为现实需要一个漫长的执行、控制过程。在这个过程中，通过对各责任中心预算执行的考核和评价，分析预算执行与预算标准之间的差异，明确发生差异的原因和责任，适时提出纠正预算偏差的对策，能有效增强预算管理的执行力和约束力，促进各执行部门及时发现并迅速纠正预算执行中的偏差，为预算目标的顺利实现提供可靠的保障。

4. 建立预算激励与约束机制的重要内容

在全面预算管理实施过程中，通过严格的预算考评制度，一方面可以强化预算执行的力度，督促各责任中心努力完成预算指标；另一方面，通过对各责任中心的预算考评，可以科学评价各部门及员工的工作业绩，将预算执行情况与各责任中心及员工的经济利益密切挂钩，奖惩分明，从而使企业所有者、经营者和员工形成责、权、利相统一的责任共同体，最大限度地调动企业上下各个层级的工作积极性和创造性。

二、预算考评的原则

预算考评的基本目标是实现预算的激励与约束机制作用，确保全面预算管理的顺利实施和预算目标的圆满完成。为此，预算考评应遵循以下基本原则：

（一）目标性原则

预算考评的目的是确保企业各项预算目标的实现。因此，预算考评的目标性原则包括两方面的内容：

一是在预算考评指标的设计中，必须遵循目标性原则，以考核引导各预算执行部门的行为，避免各部门只顾局部利益不顾全局利益甚至为了局部利益损害全局利益行为的发生。例如，在生产部门的考评指标中，应将销售指标和利润指标包含在内，以引导生产部门关心企业产品的销售和利润；在销售部门的考评指标中，应将产销率、产成品资金占用指标包含在内，以引导销售部门努力降低产成品的资金占用。

二是预算考评必须以预算目标为基准，按预算完成情况评价预算执行部门的经营绩效；如无特殊原因，未能实现预算目标就说明预算执行者未能有效地执行预算，这是实施预算考评的首要原则，也是提高预算权威性的有效保证。[①]

（二）可控性原则

预算考评既是预算执行结果的责任归属过程，又是企业内部各预算执行部门间利益分配的过程，因此，客观、公正、合理是预算考评环节的基本要求。而这一基本要求的集中体现是：各责任主体以其责权范围为限，仅对其可以控制的预算结果和差异负责。因此，在预算考评指标的设计中，必须遵循可控性原则，凡是该责任中心无法控制的项目指标就应坚决予以排除。例如，生产车间没有材料采购权，所以，由于材料采购价格升降而引起的产品制造成本提高或降低与生产车间无关，对车间产品制造成本的考核应该按材料的预算（计划）价格，而绝不能用实际价格。在对各责任中心的预算考评中，如果由于不可控因素导致预算执行结果与预算标准之间产生差异，则该差异应予以剔除计算。例如，汽油价格对于生产企业和消费企业都是不可控因素，如果国家提高汽油销售价格，对于炼油厂而言，在考评销售收入和利润指标时，就应剔除由于销售价格提高而带来的预算外收入和利润；对于消费汽油的企业而言，在考评采购部门的汽油采购成本时，就应剔除由于汽油价格提高而引起的预算外支出。

但是，也要注意避免因为强调预算的可控性而导致的预算责任的相互推诿。所谓可控应该是相对的，而不是绝对的。只要某责任主体对某项因素具有重大的影响和作用力，或者说没有比其更具控制力的责任主体，则该项因素就应是该责任主体的可控因素。例如，产品销售价格的高低往往受市场、质量、品牌等多种因素的影响，企业的销售部门并不能完全控制。但是，相对于任何其他部门而言，销售部门对产品销售价格最具控制力，所以，应该将产品销售价格纳入销售部门的预算考核范围。

（三）分级考评原则

预算目标是分级落实的，预算控制也是分级实施的，因此，预算考评也必须分级进行。这是预算考评的重要原则，是实行分权管理和实现各部门、各层

① 曾维林．如何构建企业战略预算管理考评体系[J]. 商业时代，2008，（35）：43，50.

级责、权、利有机统一的基本要求，也是预算管理激励与约束机制作用得以发挥的重要保证。预算分级考评原则包含以下三个方面的内容：

一是上级考评下级原则，即预算考评是上级预算部门对下级预算部门实施的考评，而不是下级预算部门对上级预算部门实施的民主评议。上级预算部门是预算考评的实施主体，预算执行部门是预算考评的对象主体。

二是逐级考评原则，即预算考评要根据企业预算管理的组织结构层次或预算目标的分解次序进行，预算考评只能是直接上级考评直接下级，而不能是间接上级隔级考评间接下级。

三是执行与考评分离原则，即是本级预算责任主体的预算考评，应由其直接上级部门来进行，而绝对不能自己考评自己。

（四）客观公正原则

预算考评应以预算目标、预算执行结果、预算分析结论、预算考评制度和预算奖惩方案为基本依据，按照客观公正的原则进行。预算评价本身是主观的行为，但主观的行为必须以客观的事实为依据，只有这样才能做到公正与公平。为了保证预算考评的客观公正性，企业进行预算考评时应注意以下四点：

一是预算考评的程序、标准、结果要公开。企业应当将预算考评程序、考评方法、考评标准、奖惩方案及考评结果及时公开，以最大限度地减少预算考评者和被考评者双方对预算考评工作的神秘感，对存有异议的考评标准和考评结果要通过分析、研究、协商、复议等方法予以解决。

二是预算评价指标要以定量考评指标为主。预算考评结果要用数字说话，以减少主观成分和人为因素对预算考评结果的干扰。

三是预算考评应当以客观事实作为依据。预算考评要用事实说话，切忌主观武断。缺乏事实依据的，宁可不做评论，或注上“无据可查”、“待深入调查”等意见。

四是预算考评人员要实行轮换制。负责预算考评的人员应具备客观公正的优良品质并实行轮流考评制度，年终预算考评应聘请公司独立董事或社会中介机构的人士参与，以增强预算考评的客观公正性。

（五）时效性原则

预算考评应及时进行，并依据奖惩方案及时兑现。只有这样，才能取信于民，才能使预算管理起到激励和约束作用，才能有助于各项预算目标的完成。如果本期预算的执行结果拿到下期或者拖延更长的时间去考评，就会丧失预算考评的功效。因此，时效性原则要求，企业预算考评的周期应与预算管理的周期保持一致。因为企业的年度预算目标一般都是细分为月度预算目标，所以预算考评应该按月度进行。一般做法是：每月预算考评、全年预算总考评；月度奖惩只兑现奖惩方案的80%左右，以丰补歉，年终统算。

（六）利益挂钩原则

利益挂钩原则包含如下三层含义：

一是预算考评的结果应当与预算执行部门以及员工的物质利益挂钩兑现，不管是薪酬奖惩还是职位升降，否则，预算考评将难以起到激励作用。

二是预算考评的方式要与员工的薪酬分配形式紧密结合起来，如果预算考评针对的是整个预算执行部门，而员工薪酬却采取个人职能化的薪酬方式，就会导致员工薪酬模式与预算考评模式缺乏一致性和匹配性，无法实现预算考评的激励效果。

三是预算的奖惩方案必须如期兑现，只有这样才能维护预算考评的严肃性和权威性，才能使预算考评真正达到奖勤罚懒、激励预算执行者完成预算目标的目的。

（七）制度化原则

预算考评的制度化原则具有两层含义：一是企业要建立健全预算考评制度，使预算考评的原则、方法、内容、程序、奖惩等规则条款化、明晰化、规范化；二是预算考评要按预算考评制度组织实施，实施预算考评的部门和人员要按照预算考评制度行使职权，预算考评的方法、原则、内容、步骤、奖惩兑现也必须按预算考评制度进行。

在预算执行前，企业应采用签订预算目标责任书的方式，将预算执行的条件、预算指标、权力和责任、奖惩办法等内容予以明确，以此作为实施预算考评的基本依据。

三、预算考评的组织实施

预算考评作为全面预算管理的一项职能，在预算管理的整个过程中都发挥着重要作用，是从预算编制、预算执行到预算结束的全过程考评。

（1）预算编制考评。预算编制是全面预算管理的首要环节，预算编制得是否准确、及时，对于预算能否顺利执行是至关重要的。因此，这一阶段预算考评的主要内容是建立预算编制考评制度，对各预算编制部门编制预算的准确性和及时性进行考核、评价，促进各部门保质、保量、按时完成预算编制工作。

（2）预算执行考评。预算执行考评是一种动态考评，是对预算执行和预算标准之间的差异所做的即时确认、即时处理。对预算偏差确认和处理得越及时，对预算执行的调控就越有利，也就越有利于预算目标的实现。因此，这一阶段预算考评的主要内容是建立预算执行考评制度，对各部门预算执行过程进行考核和评价，及时发现预算执行中存在的预算偏差和问题，为预算管理部门及预算执行部门实施预算控制、纠正预算偏差或调整预算提供依据。

（3）预算结果考评。预算结果考评属于综合考评，是以预算目标为依据，以各个预算执行部门为对象，以预算结果为核心，对各预算执行部门的预算完成情况进行的综合考核与评价。其主要内容包括建立预算综合考评制度，实施预算综合考评，确定预算差异，分析差异原因，落实差异责任，考核预算结果，评价各责任中心的工作绩效，进行奖惩兑现等内容。

预算综合考评作为本期预算的终点和下期预算的起点，不仅涉及对企业内部各部门的绩效评价和利益分配，而且关系到企业整体经营绩效评价以及对企业全面预算管理实施效果的评价，是预算考评的重点内容。

对于充分发挥预算考评机制的作用而言，动态考评与综合考评是相辅相成、缺一不可的。动态考评作为过程控制的重要手段，与期末的综合考评相得益彰，使得过程控制与结果控制并重，从而有效发挥全面预算管理系统对企业各项经营活动的控制作用。

五、预算奖惩方案的制订

预算奖惩方案是预算奖励方案和预算惩罚方案的统称，它是全面预算管理激励机制与约束机制的具体体现，是预算考评系统的有机组成部分。通过制定科学的预算奖惩方案，一方面能使预算考评落到实处，真正实现权责利的结合；另一方面能够有效引导各责任中心的预算行为，实现局部目标与企业整体目标的一致性。

预算奖惩方案需要在预算执行前确定下来，并作为预算目标责任书的附件或内容之一。设计预算奖惩方案时不仅需要考虑预算执行结果与预算标准之间的差异和方向，还要将预算目标直接作为奖惩方案的考评基数，以激励各责任中心尽最大努力提高预算的准确性。同时，预算奖惩除了和本责任中心的预算目标挂钩外，还必须与公司整体效益目标挂钩，以确保公司预算总目标的实现。①

（一）制订预算奖惩方案的原则

1. 目标性原则

企业实施预算奖惩的目的除了激励约束、奖勤罚懒外，更重要的目的是实现预算目标。这里所说的“实现预算目标”的数额与预算目标数额相比，应当没有差异或差异很小，而不论这个差异对企业是有利的差异还是无利的差异。道理很简单：如果侧重于鼓励各责任中心超额完成预算指标，那么，各责任中心在编报预算指标时，就会将预算指标压得很低，以便获得超额奖励。这样的结果在一定程度上是挖掘了各责任中心的内部潜力，但也助长了各部门不实事求是编报预算的风气，打乱了企业整体预算目标，违背了全面预算管理“以预算为标准，控制生产经营活动”的基本原理，使全面预算管理流于形式。因此，企业制订的预算奖惩方案必须有利于引导各责任中心实事求是地编报预算指标，并努力实现预算目标。②

2. 客观公正原则

预算奖惩方案与每名员工的个人利益密切相关，必须经得起时间和实践的检验。奖惩方案要注意各部门利益分配的合理性，要根据各部门承担工作的难

① 曾维林. 如何构建企业战略预算管理考评体系 [J]. 商业时代，2008，（35）：43，50.

② 张长胜. 企业全面预算管理（第 2 版）[M]. 北京：北京大学出版社，2013.

易程度和技术含量合理确定奖励差距，各部门既不能搞平均分配，又不能悬殊太大。奖惩方案设计完成后，要经过模拟试验，避免出现失控现象。

3. 全面性原则

预算奖惩方案的全面性原则包含两个方面的含义：一是预算奖惩方案的内容必须涵盖预算管理的全部过程，绝不能使奖惩成为单纯的结果论者。事实上，只要控制好了过程，结果自然会好。因此，预算奖惩方案不仅要对预算执行结果进行奖惩，也要对预算编制、预算核算、预算分析、预算控制、预算反馈等环节进行奖惩。二是预算奖惩方案的范围必须涵盖企业的供、产、销各个环节，人、财、物各个方面，销售部门、生产部门、技术部门、管理部门、后勤服务部门都要纳入预算奖惩的范围。

4. 奖罚并存原则

奖励是对预算管理及预算执行结果在肯定基础上的激励和倡导；处罚是对预算管理及预算执行结果在否定的基础上的一种警戒和纠正。两者相辅相成，相得益彰，在预算奖惩方案中具有同等重要的地位。因此，企业在设计预算奖惩方案时，应当奖罚并举，有奖有罚，不能畸轻畸重。

（二）预算奖惩方案的设计

为实现引导各责任中心实事求是编报预算目标的目的，企业在设计预算奖惩方案时应重点把握以下两点：

（1）以预算目标为奖励基数。设计预算考评方案时，为了将预算目标与奖惩挂起钩来，可以将预算目标作为奖惩方案的一个基数。

（2）奖惩方案要涵盖全局目标和密切相关目标。在企业中，任何一个责任中心都不可能离开企业整体或其他责任中心而独立运行，因此，预算奖惩方案除了和本责任中心的预算目标直接挂钩外，还必须与公司整体效益目标以及密切相关的其他责任中心的预算目标挂钩。这样可以有效防止个别责任中心只顾局部利益、不考虑全局利益的狭隘行为发生。

参考文献

一、著作类

[1]荆新，王化成，刘俊彦.财务管理学（第8版）[M].北京：中国人民大学出版社，2018.

[2]刘娥平.企业财务管理[M].北京：北京大学出版社，2014.

[3]王满，程廷福.财务管理基础（第2版）[M].大连：东北财经大学出版社，2018.

[4]张长胜.企业全面预算管理（第2版）[M].北京：北京大学出版社，2013.

二、期刊类

[1]卜婵婵.企业资金预算管理研究[J].中国商论，2019，（11）：87–88.

[2]曾维林.如何构建企业战略预算管理考评体系[J].商业时代，2008，（35）：43，50.

[3]常燕.企业全面预算管理的特征和管理模式分析[J].中国商贸，2018，（23）：93–95.

[4]陈娟.企业全面预算管理系统构建[J].财会学习，2019，（21）：26，28.

[5]陈小平.浅谈企业实施全面预算管理存在的问题及对策[J].中国商论，2018，（33）：109–110.

[6]陈瑶.企业集团预算管理研究[J].中国商论，2019，（4）：112–113.

[7]崔佳钰.企业财务战略管理探究[J].中国商论，2019，（4）：97–98.

[8]丁超.试析企业并购重组的整合与管控[J].财会学习，2019，（17）：189–190.

[9]董志鑫.全面预算管理对企业经营管理的影响[J].中国商论2019，（5）：

117–118.

[10]冯志红.企业资金筹集方式[J].经营与管理，2006，（2）：49–50.

[11]黄建东.企业集团预算管理研究[J].中国商论，2019，（9）：121–122.

[12]黄景祥.企业并购重组与竞争秩序维护[J].企业经济，2002，（3）：20–21.

[13]黄瑛.浅谈企业全面预算管理存在的问题与建议[J].中国商论，2019，（12）：179–180.

[14]季永华.企业财务分析问题浅析[J].中国商论，2018，（34）：122–123.

[15]雷洁.浅谈企业财务管理创新[J].中国商论，2019，（10）：132–133.

[16]林志君.浅谈企业财务管理模式的创新性研究[J].中国商论，2019，（10）：118–119.

[17]马欣萌.企业并购会计问题探究[J].江苏商论，2019，（5）：82–85.

[18]毛松英.企业并购后的财务整合[J].中国商论，2019，（2）：181–182.

[19]孟娟.全面预算管理在企业经营中的运用[J].中国内部审计，2019，（4）：88–90.

[20]牛新祥，徐彬.并购重组与企业价值评估[J].化工技术经济，2004，22（7）：33–37.

[21]钱艳辉.关于加强企业全面预算管理的思考[J].中国商论，2019，（8）：126–127.

[22]斯琴卓娅.传统预算管理模式的创新研究[J].中国商论，2019，（6）：138–141.

[23]宋兰.企业推行全面预算管理的探讨[J].中国商论，2018，（34）：79–80.

[24]王繁强.现代企业财务预算管理方法的创新研究[J].中国商论，2019，（11）：109–110.

[25]王红英.企业加强资金筹集与使用研究[J].经济研究导刊，2015，（19）：91，110.

[26]王旭.企业财务管理信息化建设探讨[J].中国商论，2019，（5）：109–

110.

[27]韦慧华.战略导向下的企业预算管理分析[J].中国商论，2019，（4）：149–150.

[28]徐彩红，饶海琴，宋良荣.浅探企业全面预算管理的绩效考评[J].财会月刊（理论版），2006，（10）：38–40.

[29]徐明宇.全面预算管理的应用问题分析[J].中国商论，2019，（8）：103–104.

[30]杨春宇.企业全面预算管理的困境及对策探讨[J].中国商论，2019，（8）：111–112.

[31]杨娟娟.企业集团财务公司管理与实务[J].中国商论，2019，（12）：114–115.

[32]杨向歌.企业集团的财务战略研究[J].中国商论，2019，（6）：172–173.

[33]殷俊明，王平心.战略导向预算管理的系统观[J].系统科学学报，2009，17（3）：46–51.

[34]张向华.浅析新形势下勘察设计企业的并购与重组[J].财会学习，2019，（20）：196，198.

[35]朱瑞芳.企业财务管理存在的问题及解决对策[J].中国商论，2018，（30）：145–146.